DK

memo Wissen entdecken Kids

Der Mensch

So funktioniert unser Körper

DK | Penguin Random House

Eine Sonderproduktion für die
Autobahn Tank & Rast GmbH,
Andreas-Hermes-Str. 7-9
53175 Bonn

Arnulfstraße 124, D-80636 München
b2b@dk-germany.de

Ein Unternehmen der
Penguin Random House Group

Genehmigte Sonderausgabe 2020
Bereich B2B & Kooperationen
Nr. 2019-CS-038

Die Inhalte dieser Sonderausgabe wurden
zusammengestellt aus folgender Originalausgabe:
memo Kids: Der Mensch: So funktioniert
unser Körper
ISBN 978-3-8310-2593-0

Herstellung und Realisation dieser Sonderausgabe:
Dorling Kindersley Verlag, Bereich B2B & Kooperationen

Projektkoordination: Julia Sommer, Carmen Brand

Herstellungskoordination: Julia Fink
Satz: Roman Bold & Black

Druck und Bindung: Lanarepro GmbH, Italien

www.dorlingkindersley.de (B2B)

FSC www.fsc.org
MIX
Papier aus verantwortungsvollen Quellen
FSC® C016410

Inhalt

Jeder sieht anders aus ... 4
Beweg dich! 6
Einatmen – ausatmen 8
Sprache 10
Grips im Kopf 12
Tasten 14
Hör zu! 16
Augen auf! 18
Riech mal! 20
Schmeckt's? 22
Register 24

Jeder sieht anders aus...

Groß, klein, dick, dünn, blond, schwarz... Wir haben zwar alle zwei Augen, eine Nase, zwei Arme und so weiter. Aber wir sehen dennoch so verschieden aus, dass wir Menschen, die wir kennen, nicht mit anderen verwechseln.

Menschen sehen nicht nur unterschiedlich aus. Sie sprechen

Weißt du das?

- Der menschliche Körper enthält so viel Eisen wie ein 2,5 Zentimeter langer Nagel.
- Dunkle Haut enthält mehr von dem Farbstoff Melanin als helle Haut.
- Du erbst bestimmte Merkmale wie die Haarfarbe von deinen Eltern.

Und Zwillinge?

Nur eineiige Zwillinge sehen genau gleich aus. Sie haben sich gleichzeitig aus einem Ei entwickelt, das sich geteilt hat. Eineiige Zwillinge haben immer das gleiche Geschlecht.

uch weltweit über 6500 verschiedene Sprachen.

Deine linke und deine rechte Gesichtshälfte sind nicht genau gleich.

Beweg dich!

Beim Gehen benutzt du etwa 200 Muskeln. Du hast mindestens 600 Muskeln, die für jede deiner Bewegungen zuständig sind, vom Hüpfen bis zum Zwinkern oder Atmen.

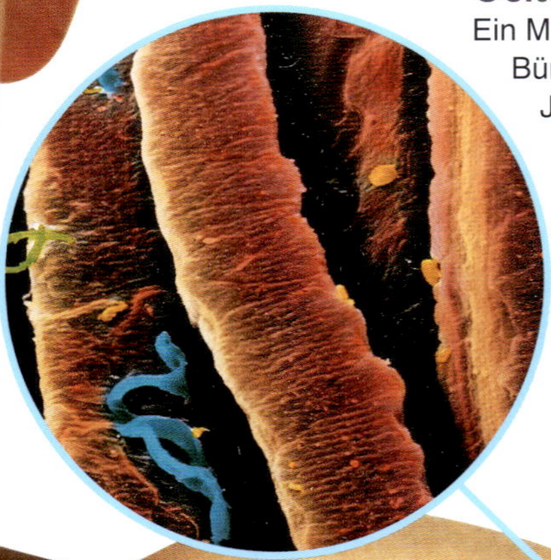

Genauer betrachtet

Ein Muskel besteht aus Bündeln winziger Fasern. Jede Faser ist dünner als ein Haar.

Beuge deinen Arm

Spanne einmal den Muskel in deinem Oberarm an, den Bizeps. Du kannst spüren, wie er härter wird.

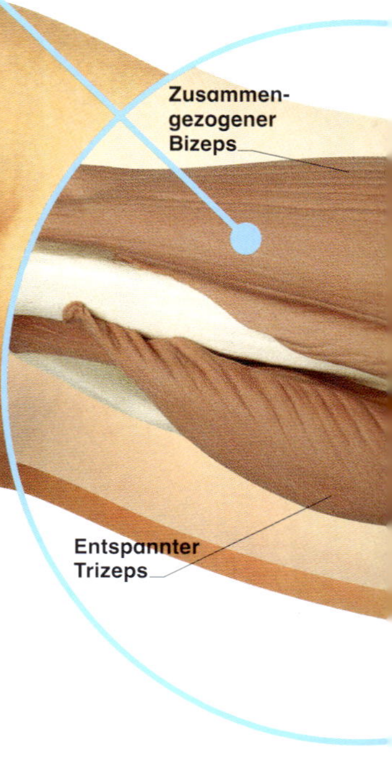

Muskelmaus

Das Wort Muskel stammt von den alten Römern. Für sie sah ein Muskel, der sich zusammenzieht, aus wie eine Maus (lateinisch **musculus**), die unter der Haut herumläuft.

Gute Verbindung

Viele Muskeln sind mit den Enden der Knochen, die sie bewegen, durch zähe Schnüre, die Sehnen, verbunden.

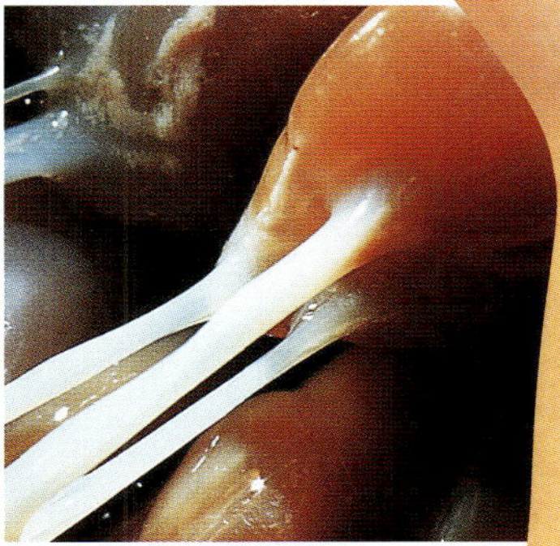

Balle deine Faust, dann siehst du, wie sich eine Sehne unter deinem Handgelenk spannt.

Beim Zusammenziehen wird ein Muskel kürzer und härter.

Beim Entspannen wird er länger und weicher.

Bizeps und Trizeps

Muskeln können nur ziehen, daher arbeiten sie paarweise. In deinem Arm zieht sich der Bizeps zusammen, um den Arm zu beugen. Der Trizeps streckt ihn.

Weißt du das?

- Muskeln machen 40 Prozent deines Körpergewichts aus.
- Sie werden groß und stark, wenn du viel Eiweiß isst – also Eier, Fleisch, Käse und Bohnen.
- Muskeln können sich bis auf ein Drittel ihrer Größe zusammenziehen.

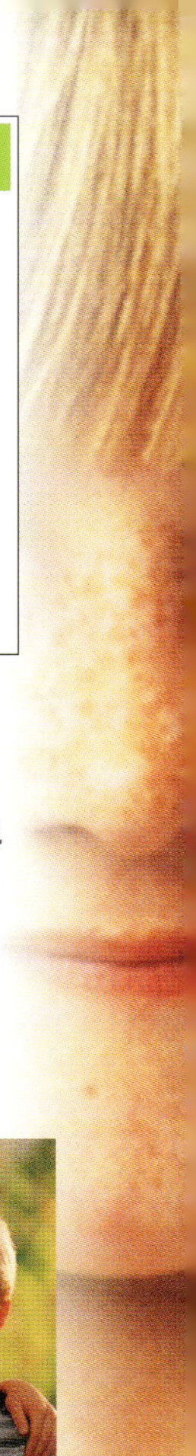

Grimassen schneiden

Dein Gesicht ist voller Muskeln. Zum Lächeln benutzt du 17 Muskeln, aber etwa 40, um traurig zu gucken.

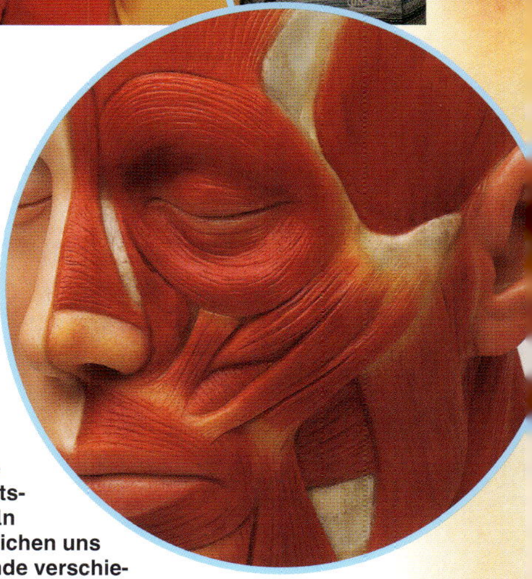

Unsere Gesichtsmuskeln ermöglichen uns Tausende verschiedener Gesichtsausdrücke.

Einatmen – ausatmen

Jeden Tag holst du etwa 23000-mal Luft. Mit jedem Atemzug nimmst du Sauerstoff auf, den du zum Leben brauchst, und atmest ein Gas namens Kohlendioxid aus, das dein Körper nicht benötigt.

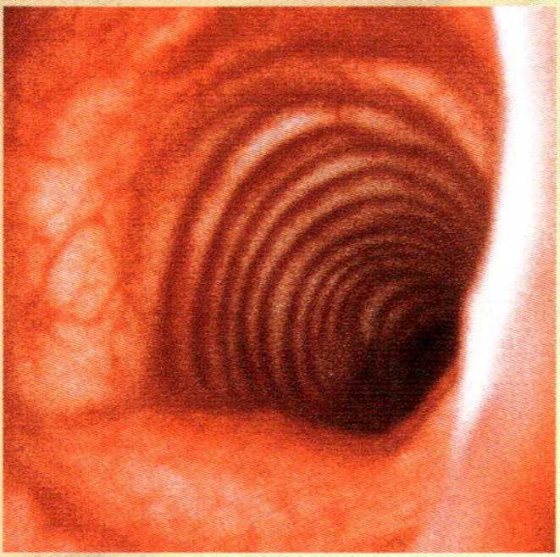

Ein Windtunnel

Die Luft gelangt durch die Luftröhre in die Lunge. Auf diesem Foto siehst du die Knorpelringe, die die Luftröhre offen halten.

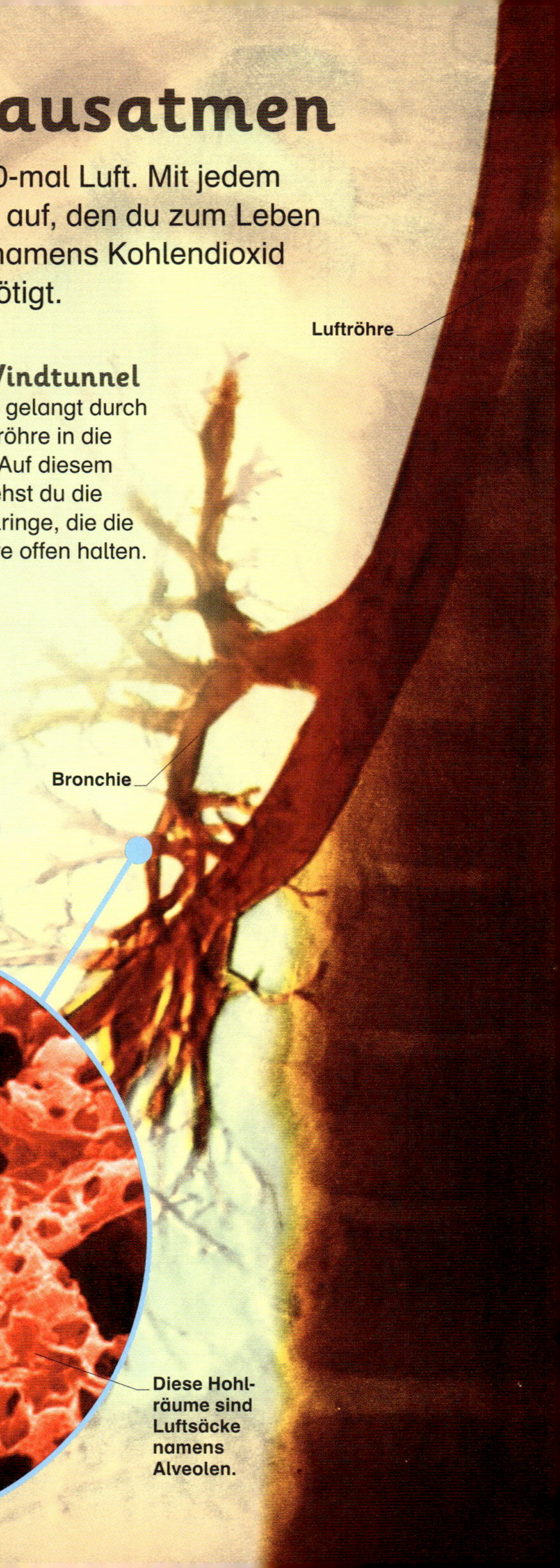

Sauerstoffaufnahme

Die Bronchien (rot) werden immer kleiner, bis sie in Millionen winziger Luftsäcke, den Alveolen, enden. Hier wird Sauerstoff ins Blut aufgenommen.

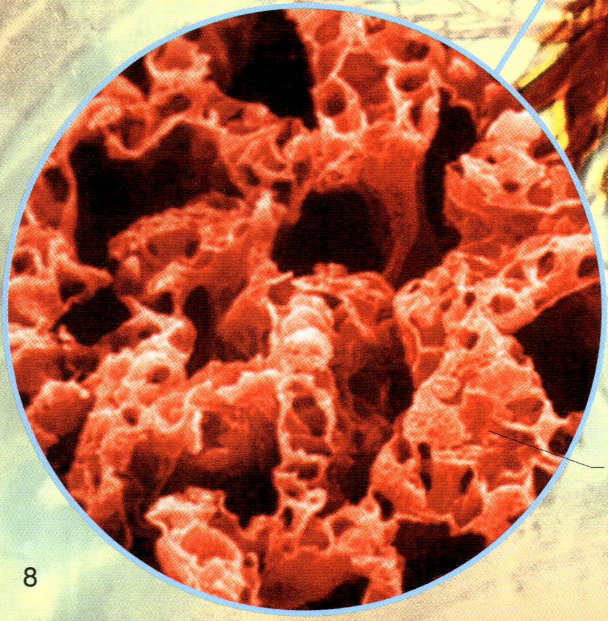

Weißt du das?

- Du besitzt über 300 Millionen Alveolen.
- Beim Sport atmest du schneller, damit mehr Sauerstoff in deinen Körper gelangt.
- Dein linker Lungenflügel ist kleiner als dein rechter, damit dein Herz Platz hat.

Luftbläschen

Wir können Sauerstoff nur für kurze Zeit in unserer Lunge speichern und haben nicht wie Fische Kiemen, um aus dem Wasser Sauerstoff zu entnehmen. Daher können wir ohne Luftzufuhr nicht lange unter Wasser bleiben.

Warum bekomme ich Schluckauf?

Wenn das Zwerchfell (der Muskel, der beim Ein- und Ausatmen hilft) unkontrolliert zuckt, hast du Schluckauf. Keiner weiß, warum es dazu kommt, aber es gibt viele Tipps, was man dagegen tun kann: Trinke viel Wasser, halte die Luft an, bitte einen Freund, dich zu erschrecken, oder lege ein Stück Zucker unter deine Zunge.

Wasser ist auch drin

Atem enthält Wasser. Wenn du auf eine kalte Oberfläche hauchst, sammelt es sich in winzigen Tröpfchen. Aus dem gleichen Grund kann man an einem kalten Tag den Atem sehen.

Sprache

Wir können auf vielerlei Weise „sprechen“, nicht nur mit den Lippen. Dein Gesichtsausdruck und deine Körperhaltung verraten anderen Menschen, was du denkst.

Babysprache

Babys können nicht reden. Also schreien sie, um zu zeigen, dass sie etwas wollen. Schon früh verständigen sie sich auch durch Augenkontakt und Mimik.

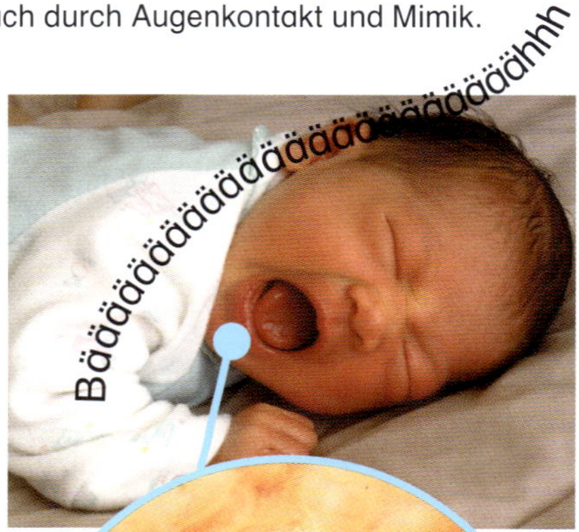

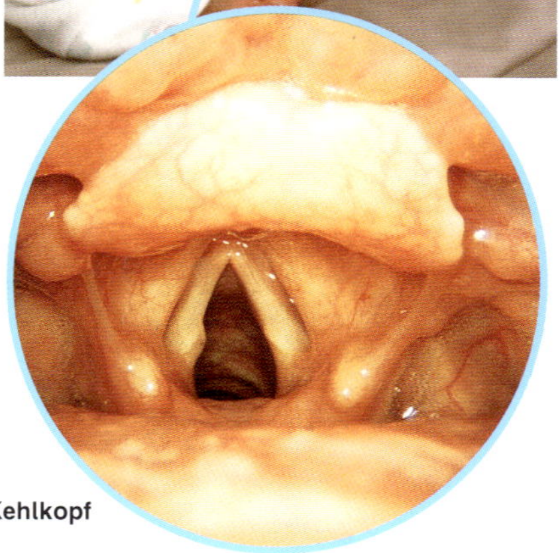

Kehlkopf

Wörter bilden

Wenn beim Ausatmen Luft über den Kehlkopf strömt, entstehen Laute. Zunge, Lippen und Zähne verwandeln die Laute in Worte.

Was denkst du?

Die Körpersprache sagt viel über deine Gefühle aus. Wirfst du die Arme in die Luft, weiß man, dass du dich freust. Freuen sich diese Kinder?

Man glaubt, dass die Körpersprache mindestens 80 Prozent der Verständigung ausmacht.

Gebärdensprache

Taubstumme können sich durch Gebärdensprache verständigen. Sie bilden mit ihren Händen Buchstaben und Wörter.

Manche Wörter werden mit einer Hand, andere mit zwei Händen gebildet.

Grips im Kopf

Gehen, etwas berühren, reden, ein Glas Milch trinken: Alles, was du tust, wird von deinem Gehirn gesteuert. Es ist wie eine Art Computer, nur viel komplizierter. Und es wiegt nur 1,3 Kilogramm!

Benutze deine Sinne!

Ein einfaches Getränk erfordert viel Hirntätigkeit. Deine Augen und Finger senden Botschaften über das, was du siehst und berührst, während du mit deiner Nase und Zunge den Inhalt riechst und schmeckst.

Die Nerven in den Fingern dieses Mädchens übermitteln seinen Muskeln den Befehl, das Glas zu ergreifen.

Weißt du das?

- Das Gehirn braucht Sauerstoff, um richtig zu arbeiten. Ein Fünftel des Sauerstoffs, den du einatmest, geht zum Gehirn.
- Das Gehirn besteht zu 85 Prozent aus Wasser.
- Das Rückenmark hört im Alter von 5 Jahren auf zu wachsen.

Wie funktioniert es?

Dein Gehirn enthält Milliarden von Nervenzellen. Sie senden durch dein Zentralnervensystem Befehle zu verschiedenen Körperteilen und empfangen Signale von ihnen.

Warum sieht es so komisch aus?

Das Gehirn eines Erwachsenen ist dreimal so schwer wie das eines Babys. Beim Wachsen faltet es sich zusammen, um in den schützenden Schädel zu passen. Auseinandergefaltet wäre dein Gehirn so lang wie ein Bügelbrett.

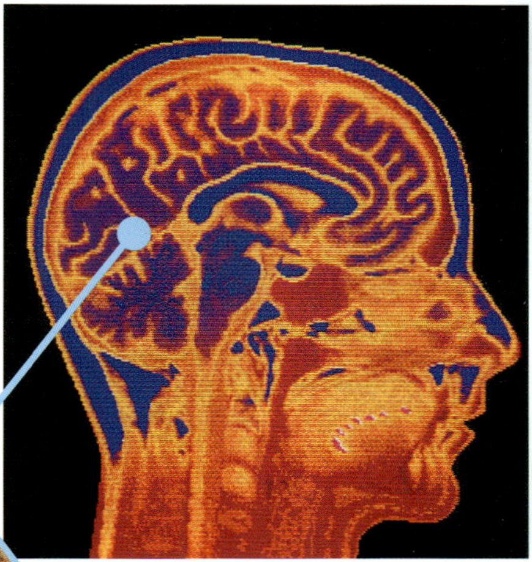

Könntest du dein Gehirn berühren, würde es sich wie Pudding anfühlen.

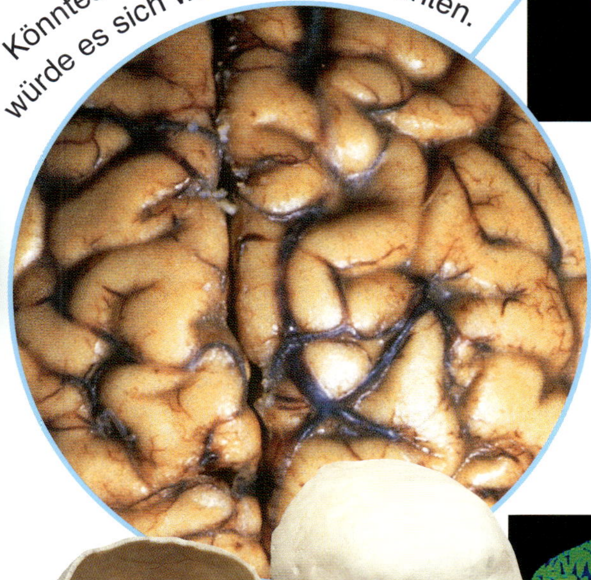

Zwei Hälften

Dein Gehirn hat zwei Hälften, Hemisphären genannt. Die „dominierende“ (stärkere) Hälfte ist meist die linke. Sie ist für das Sprechen, Schreiben, Zählen und logische Denken zuständig.

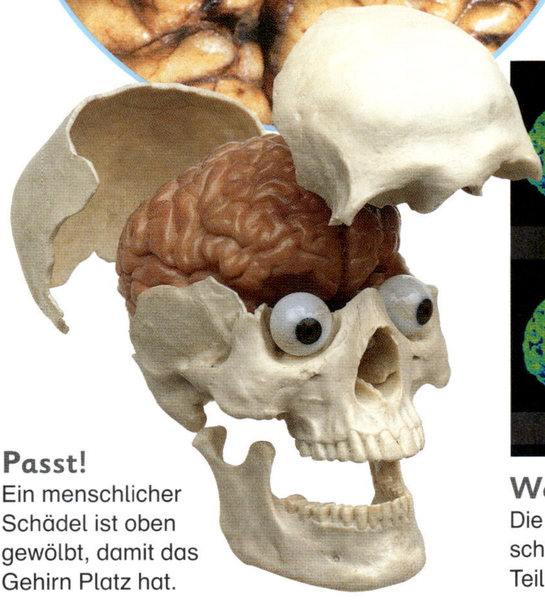

Passt!

Ein menschlicher Schädel ist oben gewölbt, damit das Gehirn Platz hat.

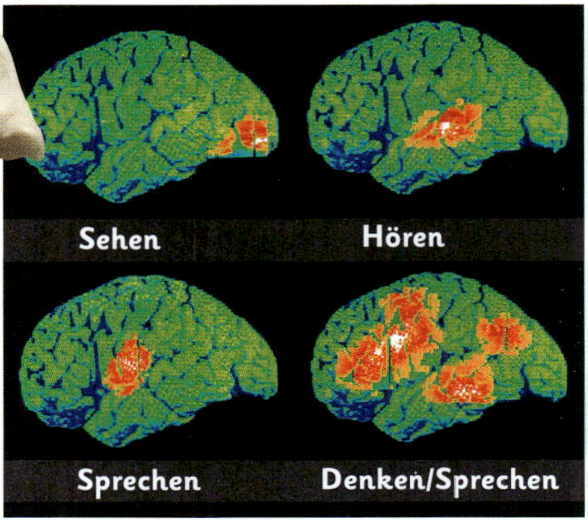

Welcher Teil tut was?

Die einzelnen Teile des Gehirns tun verschiedene Dinge. Hier siehst du, welcher Teil des Gehirns wofür zuständig ist.

Tasten

Wenn du etwas berührst, senden winzige Tastkörperchen in deiner Haut eine Botschaft an dein Gehirn.

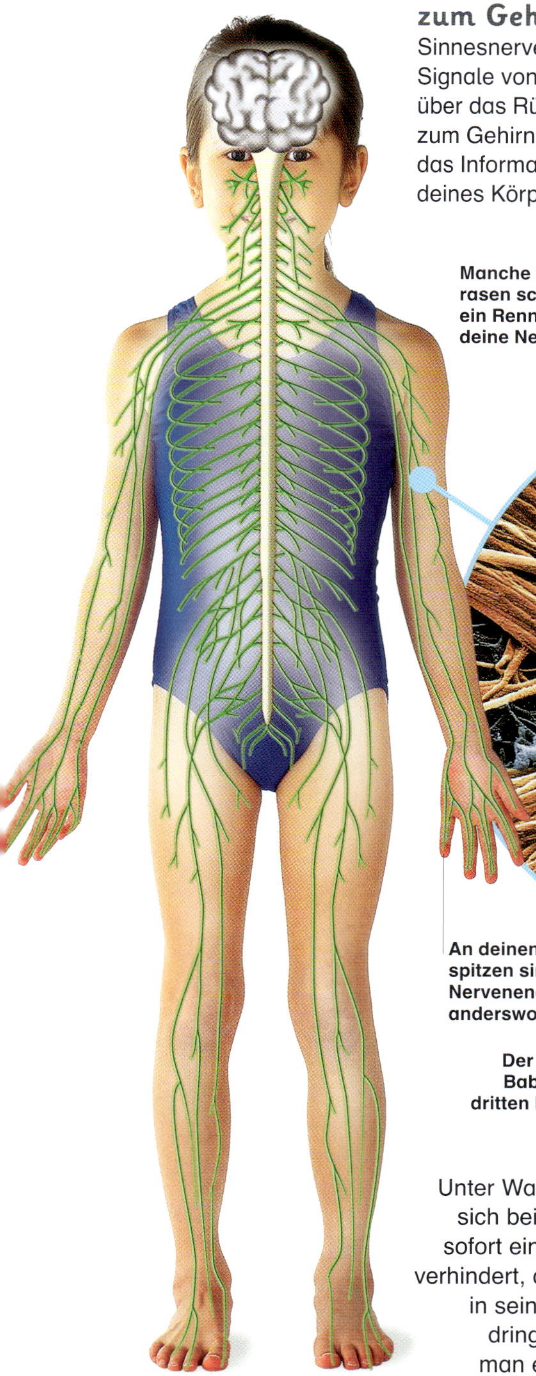

Verbindungen zum Gehirn

Sinnesnerven leiten Signale von deiner Haut über das Rückenmark zum Gehirn. Das ist das Informationssystem deines Körpers.

Weißt du das?

- Tastkörperchen nehmen Druck, Schmerz, Schwingungen und Temperatur wahr.
- Du hast 3 Millionen Schmerzsensoren, die meisten davon in der Haut.

Manche Signale rasen schneller als ein Rennauto durch deine Nerven.

Nerven sind Milliarden miteinander verbundener Nervenzellen. Manche Nervenzellen sind bis zu 1 Meter lang.

An deinen Fingerspitzen sind mehr Nervenenden als anderswo.

Der Tauchreflex bei Babys geht ab dem dritten Monat verloren.

Reflexe

Unter Wasser schließt sich bei einem Baby sofort ein Muskel und verhindert, dass Wasser in seine Lunge eindringt. Das nennt man einen Reflex.

Hör zu!

Dein Ohr hat drei Teile: das sichtbare Außenohr, das Mittelohr, das aus winzigen Knochen besteht, und das Innenohr, das ein gewundenes Rohr voll Flüssigkeit enthält.

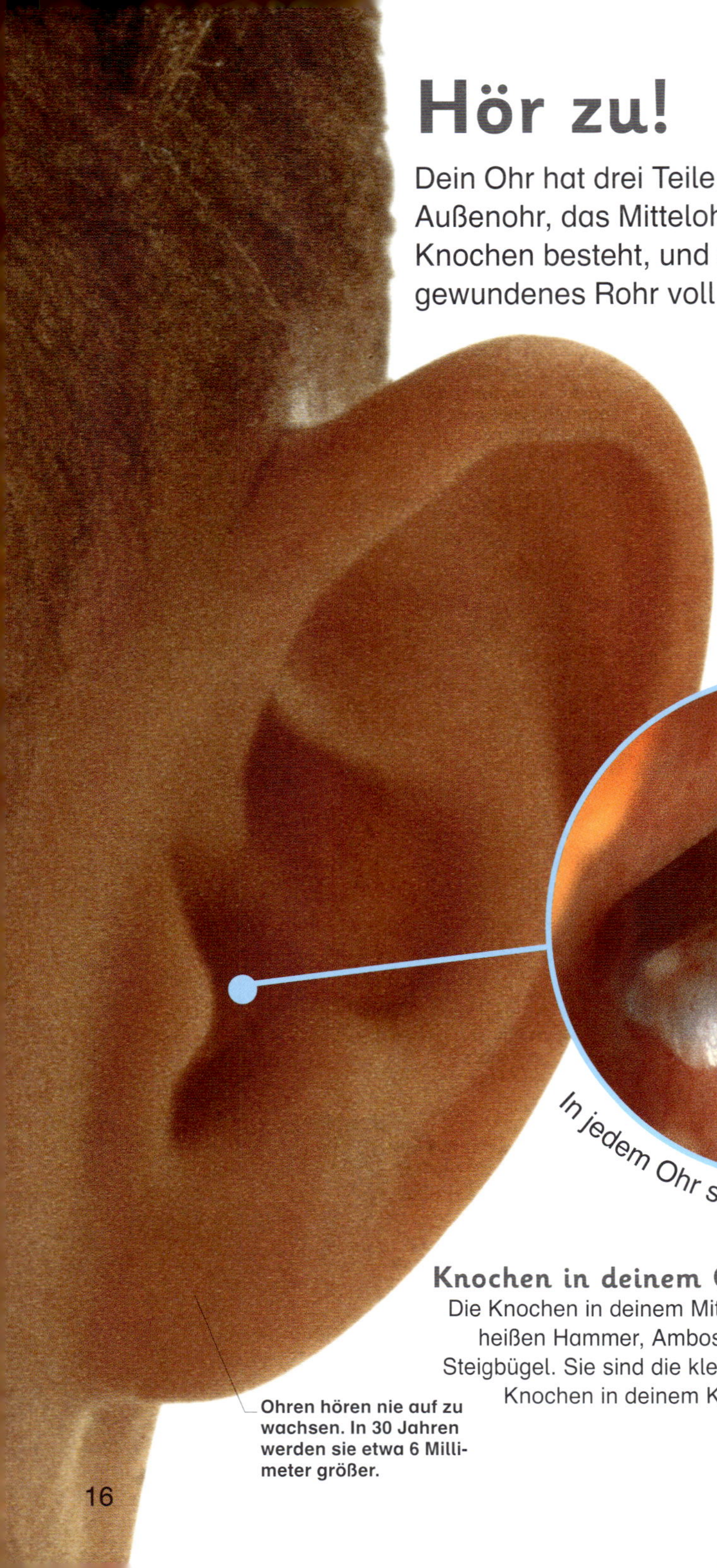

Ein Schmalztunnel

Die Staub- und Schmutzteilchen, die in deine Ohren gelangen, bleiben an deinem Ohrenschmalz kleben. Es befördert sie nach und nach wieder aus den Ohren heraus.

Das Trommelfell trennt Außen- und Mittelohr.

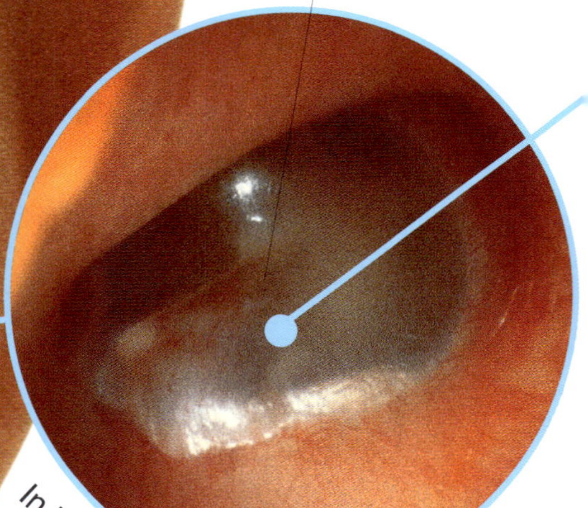

In jedem Ohr sind 4000 Schmalzdrüsen.

Knochen in deinem Ohr?

Die Knochen in deinem Mittelohr heißen Hammer, Amboss und Steigbügel. Sie sind die kleinsten Knochen in deinem Körper.

Ohren hören nie auf zu wachsen. In 30 Jahren werden sie etwa 6 Millimeter größer.

Hammer

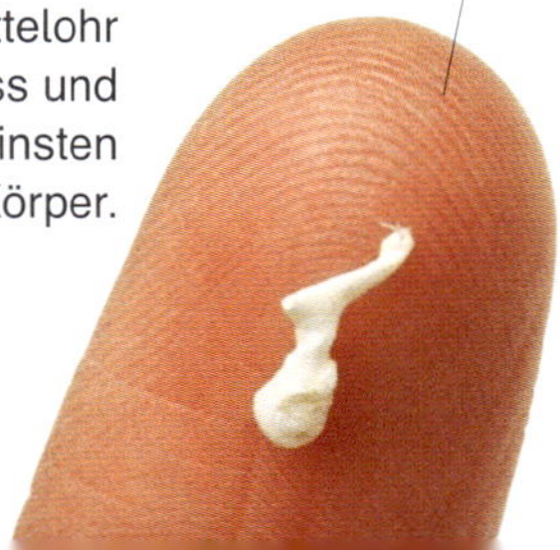

Haare in deinem Ohr?

Winzige Härchen in deinem Innenohr nehmen Bewegungen um sie herum wahr und senden Signale an dein Gehirn, damit es sie „hört“.

Weißt du das?

- Menschen können über 1500 verschiedene Schalltöne unterscheiden.
- Jeder Mensch hat anders geformte Ohren.
- Der Steigbügel ist dein kleinster Knochen. Er ist kürzer als ein Reiskorn.

Warum wird mir schwindlig?

Deine Ohren geben deinem Gehirn die Position deines Kopfs an. Wenn du dich schnell drehst, kann dein Gehirn nicht mehr die von deinen Ohren gesendeten Botschaften verarbeiten. Dir wird schwindlig.

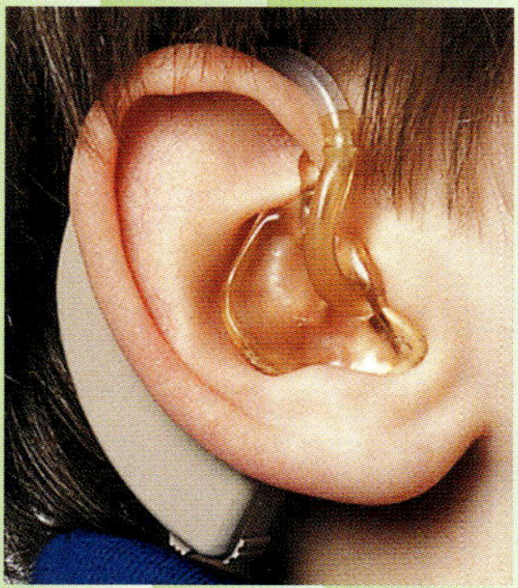

Eine kleine Hilfe

Jemand, der taub ist, kann nicht hören. Ein Hörgerät für schwerhörige Menschen verstärkt den Schall und macht ihn für sie hörbar.

Augen auf!

Die sehr empfindlichen Augen sind gut geschützt. Sie liegen in Knochenhöhlen und können sich hinter den Augenlidern verstecken. Durch die Augen empfängt dein Gehirn viele Informationen über deine Umgebung.

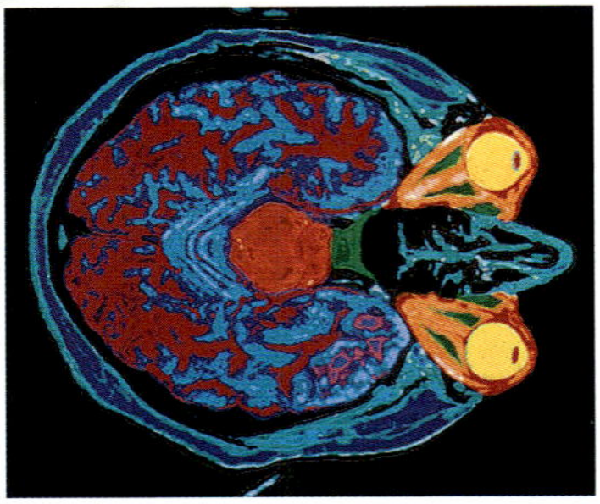

Ein Blick ins Innere

Die beiden Augen (gelb) in ihren Höhlen sind durch die Nase voneinander getrennt und direkt mit dem Gehirn verbunden.

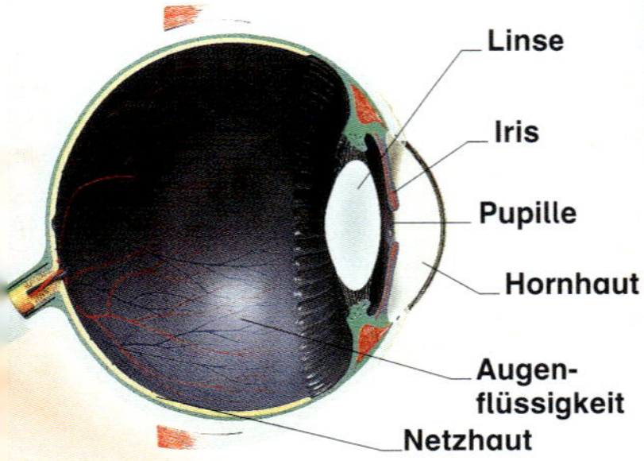

Eine flüssige Kamera

Deine mit einer Flüssigkeit gefüllten Augen funktionieren wie winzige Videokameras. Das Licht gelangt durch die Pupille, ein Loch in der Iris, zur Netzhaut. Hier entsteht ein scharfes Bild, das an das Gehirn weitergeleitet wird.

Welche Farbe?

Blau, Grün, Grau oder Braun: Welche Farbe haben deine Augen? Die Farbe deiner Iris hast du von deinen Eltern geerbt.

Deine Augen sind ständig feucht, damit sie keim- und staubfrei bleiben.

Die Pupille ist bei hellem Licht kleiner.

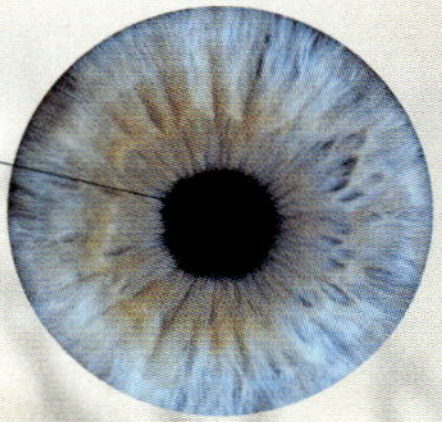

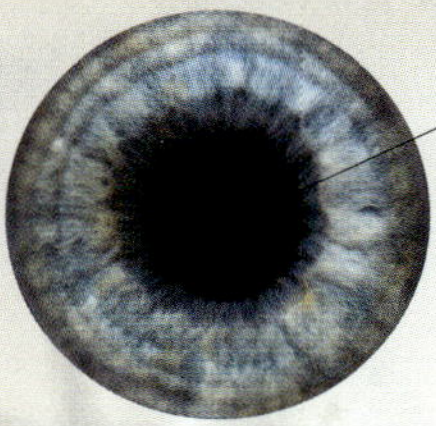

Die Pupille ist bei schwachem Licht größer, damit mehr Licht hineingelangt.

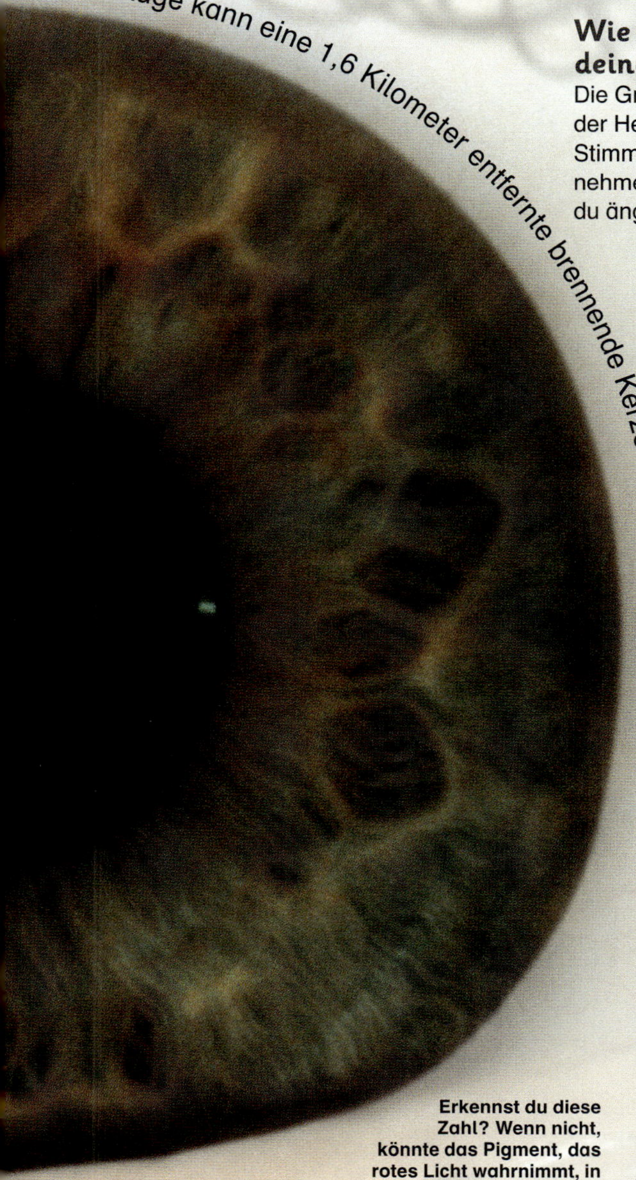

Dein Auge kann eine 1,6 Kilometer entfernte brennende Kerze sehen!

Wie groß sind deine Pupillen?

Die Größe deiner Pupillen hängt von der Helligkeit und auch von deiner Stimmung ab. Wenn du etwas Angenehmes siehst, weiten sie sich, wenn du ängstlich bist, werden sie kleiner.

Weißt du das?

- Du zwinkerst etwa 9400-mal am Tag.
- Sechs Muskeln halten jedes Auge. Sie bewegen sich ständig – etwa 100 000-mal am Tag!
- Winzige achtbeinige Milben leben am Ansatz deiner Wimpern. Sie befreien das Auge von Keimen.

Was ist Farbenblindheit?

Auf deiner Netzhaut befinden sich kleine Punkte, die Farben wahrnehmen (Pigmente). Wenn sie nicht funktionieren, fällt es dir schwer, Farben zu unterscheiden.

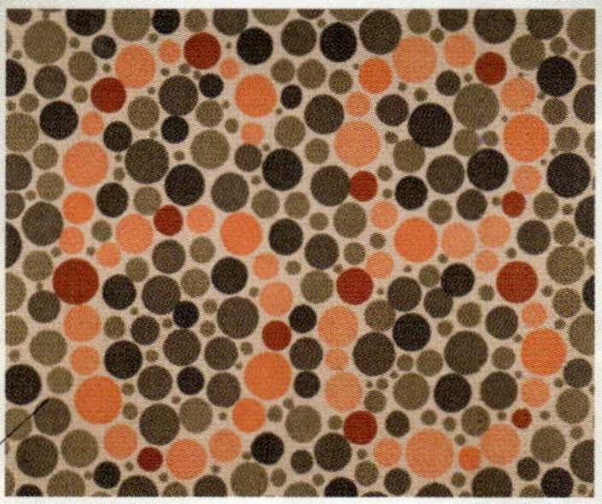

Erkennst du diese Zahl? Wenn nicht, könnte das Pigment, das rotes Licht wahrnimmt, in deiner Netzhaut fehlen.

Riech mal!

Menschen können rund 10 000 Gerüche unterscheiden. Der Geruchssinn ist unglaublich wichtig. Ohne ihn könntest du nicht nur nichts riechen, sondern auch nichts schmecken.

Wie riechen wir?

Dinge haben einen Geruch, weil sie kleinste Teilchen (Moleküle) absondern. Riechst du an etwas, wandern die Moleküle zu den Riechzellen in deiner Nase. Sie sehen unter dem Mikroskop wie winzige Härchen aus.

Riechzellen

Wenn die Duftteilchen den oberen Teil deiner Nase erreichen, lösen sie sich in dem Schleim auf, den deine Nase ständig erzeugt. Dann wandern sie zu den Riechzellen.

Die Zellen in deiner Nase erzeugen täglich etwa 1 Liter Schleim.

Du hast 10 Millionen Riechzellen.

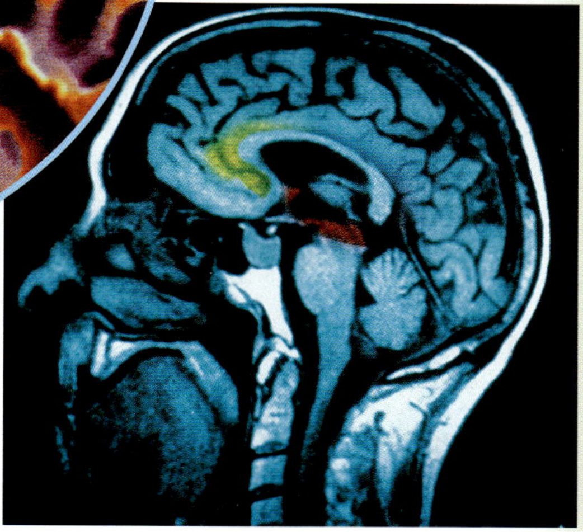

Ein Geruch wird in einem besonderen Bereich des Gehirns, dem Riechlappen, erkannt.

Ein Weg zum Gehirn

Die Riechzellen senden Informationen über den Geruch an dein Gehirn. Es weiß sofort, ob du den Geruch kennst.

Haaaaaaaaaaaaatschiiiiiiiiiii

Warum bringen mich Blumen zum Niesen?

Wenn du allergisch gegen Pollen bist, wird in deiner Nase Schleim erzeugt, um die Pollen hinauszuspülen. Um den Schleim loszuwerden, musst du niesen.

Weißt du das?

- Der Geruchssinn eines Hunds ist 1000-mal besser als der eines Menschen.
- Schleim ist eine klare Flüssigkeit. Er färbt sich durch Schmutzteilchen in der Luft.
- Der Schleim in deiner Nase wird grün, wenn du eine Infektion hast.

Schmeckt's?

Du brauchst deine Zunge nicht nur zum Reden. Sie bewegt auch die Nahrung im Mund herum und du benutzt sie, um zu schmecken.

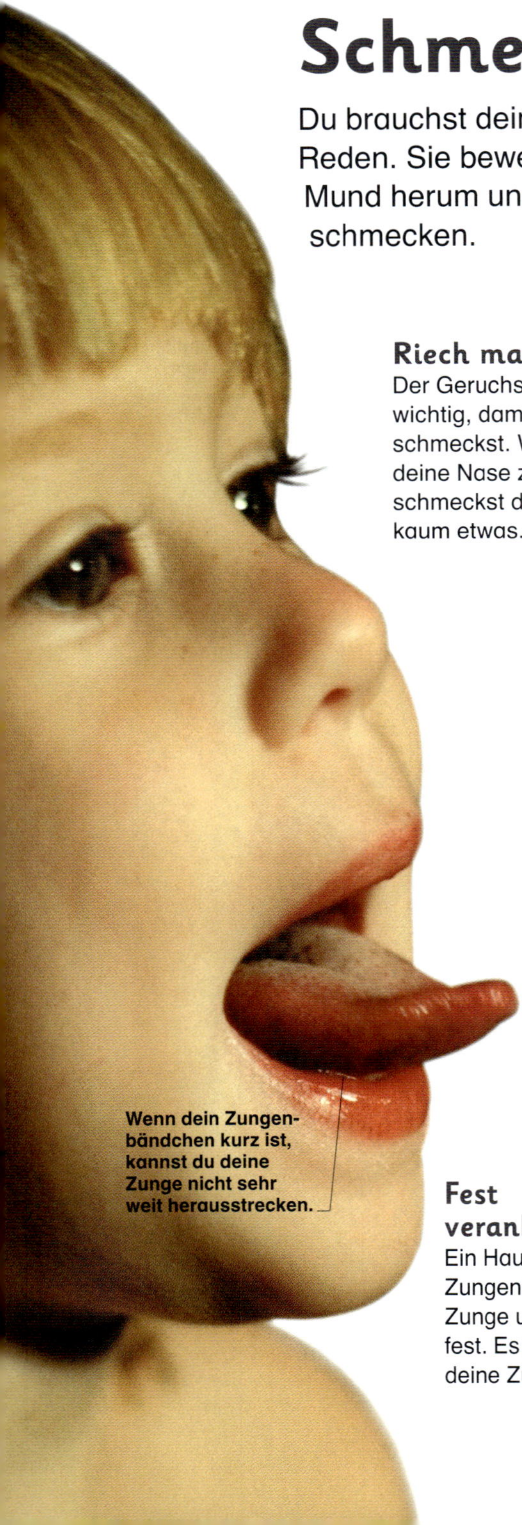

Wenn dein Zungenbändchen kurz ist, kannst du deine Zunge nicht sehr weit herausstrecken.

Riech mal!

Der Geruchssinn ist wichtig, damit du etwas schmeckst. Wenn du deine Nase zuhältst, schmeckst du kaum etwas.

10 000 Geschmacksknospen unterscheiden sauer, bitter, süß, salzig und umami.

Fest verankert

Ein Hautlappen, das Zungenbändchen, hält deine Zunge unten am Mundboden fest. Es verhindert, dass du deine Zunge verschluckst.

Geschmack auf deiner Zunge

Im Mund wird die Nahrung mit Speichel vermischt. Die Zunge kann verschiedene Geschmäcker wahrnehmen: süß, sauer, bitter, salzig und umami (Käse und Tomaten haben zum Beispiel diesen Geschmack).

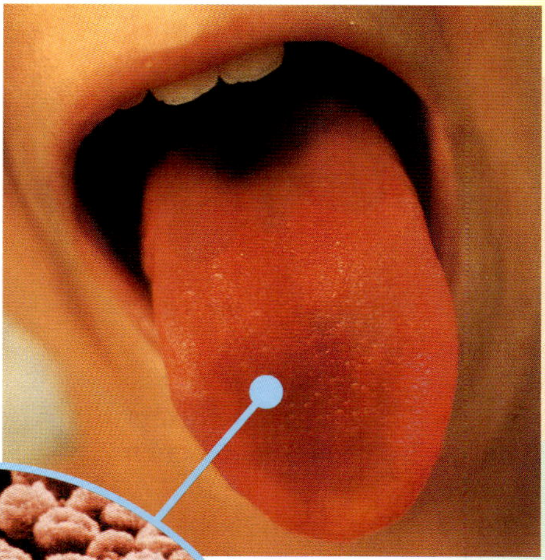

Mit Speichel vermengten Nahrungsbrei kannst du leichter schlucken. So können auch die Geschmacksknospen den Geschmack besser wahrnehmen.

Größere, oben flache Papillen enthalten Geschmacksknospen.

Mit den kleineren Papillen kann die Zunge glitschiges Essen wie Eis besser „festhalten".

Warum ist die Zunge hubbelig?

Auf deiner Zunge befinden sich winzige warzenförmige Erhebungen, die Papillen. Sie enthalten Sinneszellen, die man Geschmacksknospen nennt.

Weißt du das?

- Die Geschmacksknospenzellen erneuern sich alle 7 Tage.
- Mit den Tastkörperchen spürst du die Nahrung.
- Über 1 Liter Speichel erzeugt dein Mund täglich.

Register

A

Arm 4, 6–7, 11

Atem, -zug, atmen 6, 8–9, 10, 12

Auge 4, 10, 12, 18–19

B

Bewegen, Bewegung 6–7, 17, 19, 22

Bizeps 6–7

Blut 8

D

Denken 13

E

Eineiige Zwillinge 5

Eltern 5, 18

Erben 5, 18

F

Farbenblindheit 19

Finger 12, 15

G

Gehirn 12–13, 14–15, 17, 18, 21

Geruchssinn 20–21, 22

Geschmack 23

H

Haar 5, 6, 17

Haut 5, 6, 14–15, 22

Herz 9

Hören 16–17

Hornhaut 18

I

Iris 18

K

Kehlkopf 10

Knochen 7, 16–17, 18

Kohlendioxid 8

Körper 5, 8–9, 15, 16

L

Lid 18

Linse 18

Luft 8–9, 10–11, 21

Lunge 8–9, 15

M

Muskel 6–7, 9, 12, 15, 19

N

Nase 4, 12, 18, 20–21, 22

Nerv, Nervenzelle 12, 15

Netzhaut 18–19

O

Ohr 16–17

P

Pupille 18–19

R

Reflex 15

Riechen 20–21, 22

Rückenmark 12, 15

S

Sauerstoff 8–9, 12

Schleim, schleimig 14, 21

Schmecken 20, 22

Sehen 9, 12, 19

Sehne 7

Sinn 12, 15, 20–21, 22–23

Sprache, sprechen 4–5, 10–11, 13

T

Tasten, Tastkörperchen 14–15, 23

Trizeps 6–7

Trommelfell 16

W

Wasser 9, 12, 15

Z

Zunge 9, 10, 22–23

Zwerchfell 9

Dank und Bildnachweis

Der Verlag dankt den folgenden Personen und Institutionen für die freundliche Genehmigung zum Abdruck von Fotos:

(Abkürzungen: o = oben, m = Mitte, u = unten, l = links, r = rechts, g = ganz, Hg = Hintergrund)

Corbis: 10mr, 11gor, 15ur, 19ur, 22l; Momentimages/ Tetra Images 4–5um; Foodpix: 12; Getty Images: 2–3, 4gor, 5gor, 10ul, 11ur, 14ul, 17ul, 20; ImageState: 1, 7mr, 9gor, 11mlo, 14gol, 14gor, 14ur, 23gor; Age Fotostock 4–5u; Allen Birnbach 10gol; Gail Mooney 10ml; Brian Pieters 11mr; St. Stephen's Hospital 6m, 7gol; Susumu Nishinaga 8gol, 8gom, 8ml, 8ul, 8-9, 10ur, 15mr, 17gol, 18–19, 19gom, 19gor, 20mr, 21gol, 21mr, 21ul; Geoff Tompkinson 13ml; Gregory Dimijian 18mlo; Mehau Kulyk 13gor; Omikron 23m; Wellcome Dept. of Cognitive Neurology 13ur; The Wellcome Institute Library, London: 16mr.

Cover: Shutterstock: skyhawk x (Hand), Romanenko-Alexey Hg (Blutkörperchen), AdobeStock: martialred gor (Figur mit Buch).

Weitere Informationen unter: www.dkimages.com

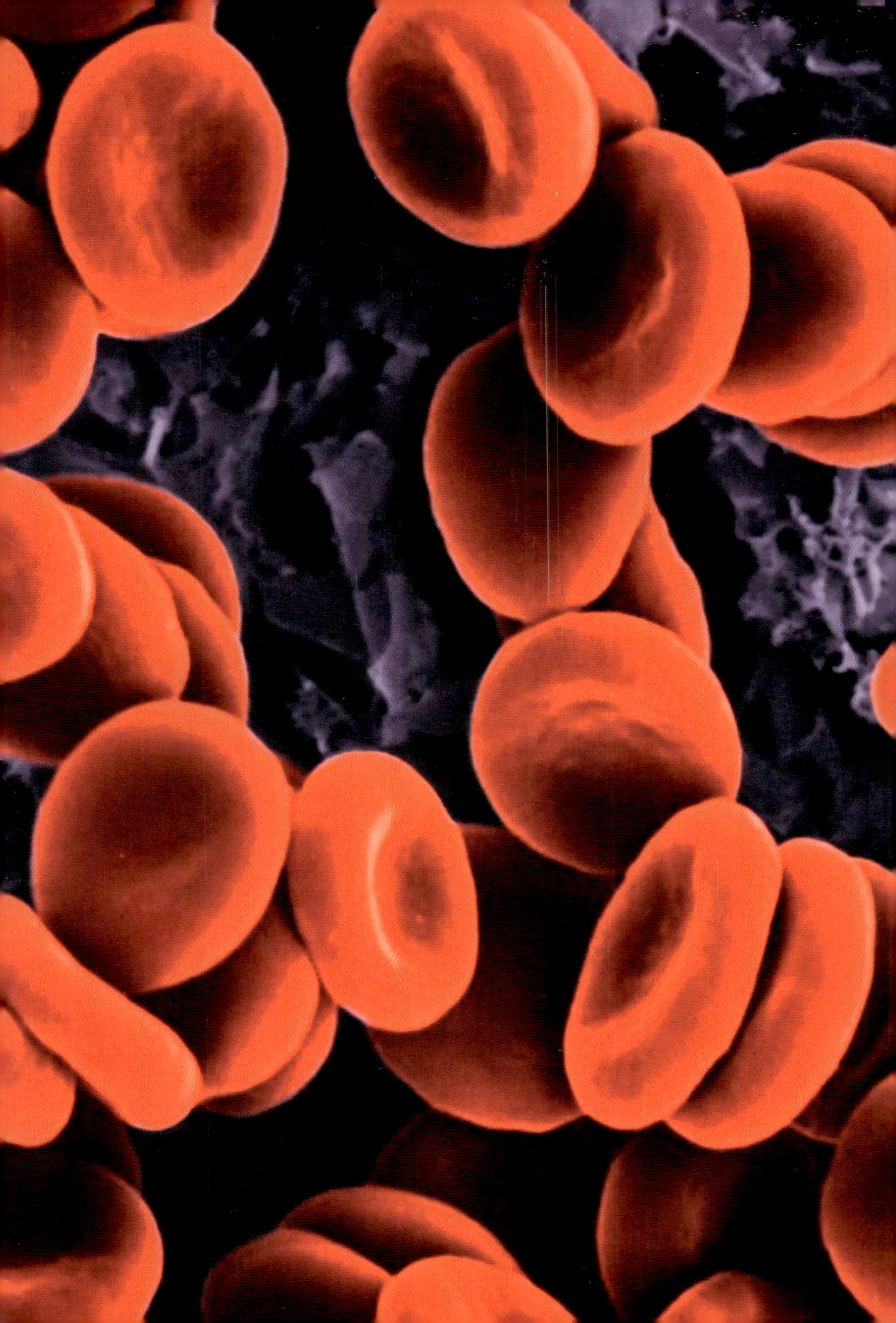

Mensch sein

Der menschliche Körper besitzt einzigartige Eigenschaften, die ihn zum erfolgreichsten Tier auf der Erde machen. Wir sind die intelligentesten Lebewesen und haben besondere Möglichkeiten, uns zu bewegen, zu unterhalten und warm zu bleiben.

Auf zwei Beinen

Menschen können auf zwei Beinen stehen oder laufen. Die aufrechte Haltung hebt den Kopf, sodass wir weiter sehen können und unsere Hände frei haben, um z. B. Werkzeuge zu benutzen.

Kinder unterhalten sich.

ontakt

Menschen besitzen die einzigartige Fähigkeit, sich mit Worten zu unterhalten. Die Sprache ermöglicht und erhält soziale Beziehungen. Andere Tiere nutzen dafür Rufe und Körpersprache, aber keine Worte.

Geschickte Hände

Die Hände der Menschen sind unglaublich flexibel und können viele Bewegungen ausführen. Daumen und Finger können sehr genau schwierige Bilder malen oder sehr kleine Objekte ergreifen.

Sich warm halten

Menschen sind die einzigen Tiere, die Kleidung tragen. Deshalb konnten die ersten Menschen vom tropischen Afrika, wo sie zuerst lebten, in kühlere Klimazonen bis hin zur Arktis auswandern.

Bausteine

Der menschliche Körper besteht aus Billionen winziger Zellen. Jede Zelle ist eine lebende Einheit mit einem komplizierten Aufbau. In jeder Zelle befinden sich noch kleinere Einheiten, die man Organellen nennt. Sie steuern, produzieren und verteilen Stoffe und erzeugen Energie.

Aufbau der Zelle

Obwohl Zellen sehr unterschiedlich sind, sind alle ähnlich aufgebaut. Jede Zelle ist von einer Membran umgeben, die aus Fettsäuren besteht. Innerhalb der Membran schwimmen verschiedene Organellen in einer Flüssigkeit, dem Zytoplasma.

Lysosomen bauen alte Organellen ab.

Der **Zellkern** enthält Chromosomen.

Das dickflüssige **Zytoplasma** umgibt die Organellen.

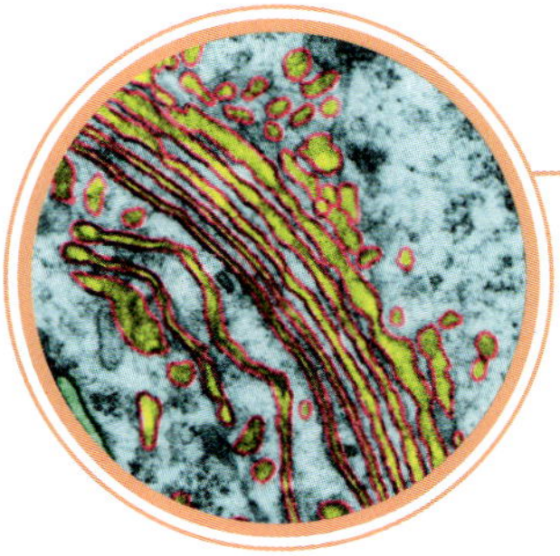

An einer Organelle, dem **Golgi-Apparat,** entstehen Eiweiße (Proteine). Sie werden innerhalb und außerhalb der Zelle gebraucht.

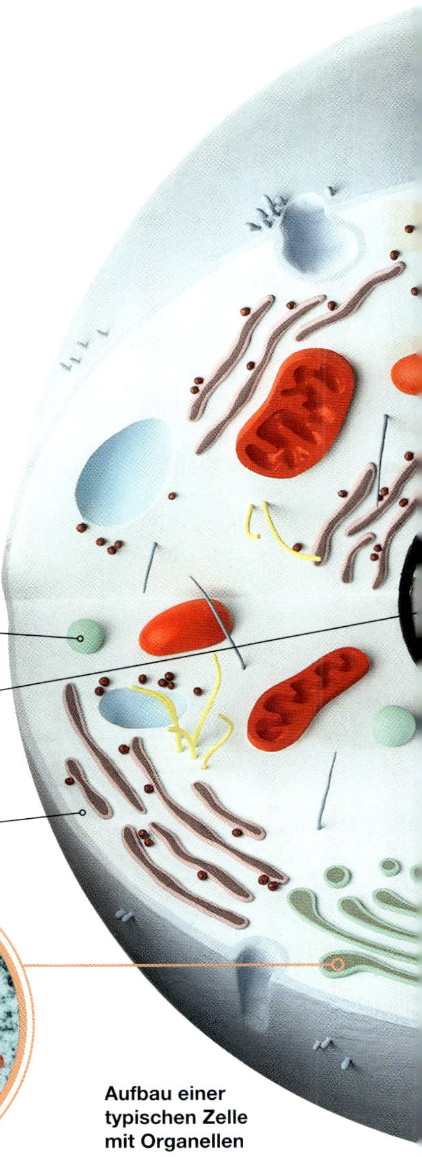

Aufbau einer typischen Zelle mit Organellen

Die **Zellmembran** bildet die äußere Hülle der Zelle.

Mitochondrien sind die Kraftwerke der Zelle. Sie erzeugen Energie für chemische Reaktionen.

Das **endoplasmatische Retikulum** speichert und schleust Eiweiße aus der Zelle, die von Ribosomen (violette Punkte) hergestellt werden.

Mikrotubuli sind kleine Röhren, die das Zytoskelett der Zellen bilden.

Zellarten

Der menschliche Körper besitzt mehr als 200 verschiedene Zellen, die jeweils bestimmte Aufgaben erfüllen. Zellen der gleichen Art bilden zusammen ein Gewebe. Größe und Form der Zellen sind eng an ihre besonderen Aufgaben gebunden.

Verschiedene Zellen

Die sechs verschiedenen Zellen auf diesen Seiten haben unterschiedliche Formen und Aufgaben. Dünne Nervenzellen leiten z. B. Signale über große Entfernungen, damit das Gehirn anderen Körperteilen Anweisungen erteilen kann. Fettzellen dagegen speichern Fette als Energiequelle.

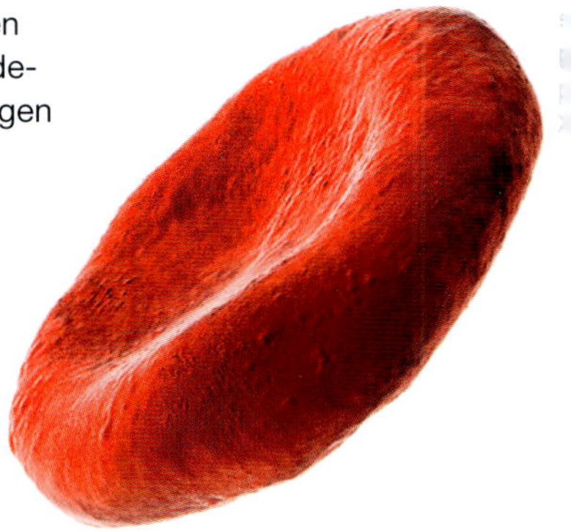

Rote Blutzellen zirkulieren durch den Körper. Dies kleinen Zellen besitzen im Gegensatz zu anderen keinen Zellkern. Sie färben Blut rot und transportie ren Sauerstoff aus der Lunge zu anderen Zellen.

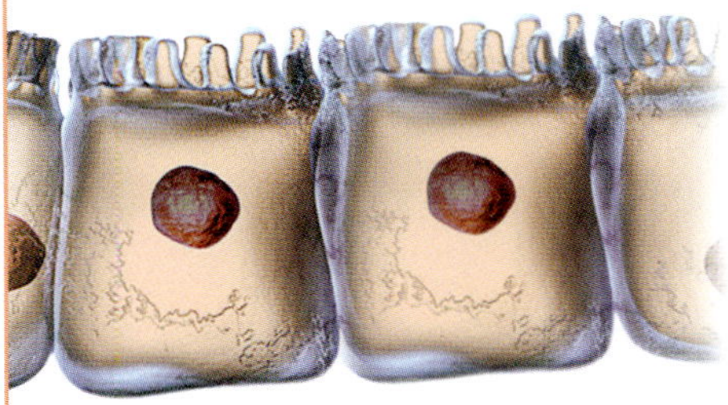

Epithelzellen liegen dicht nebeneinander und bilden eine schützende Barriere gegen Krankheitserreger. Sie bedecken die Haut und Innenwände von Hohlorganen wie Mund und Lunge.

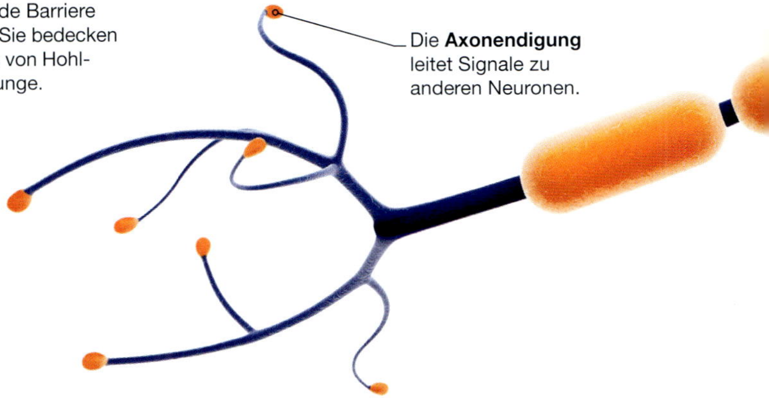

Die **Axonendigung** leitet Signale zu anderen Neuronen.

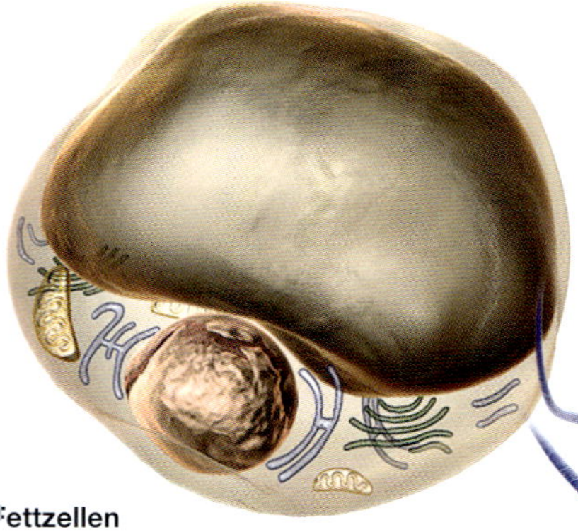

ettzellen nthalten einen roßen Fetttropfen – eine der Energie-uellen des Körpers. Sie schützen den örper auch vor Wärmeverlust.

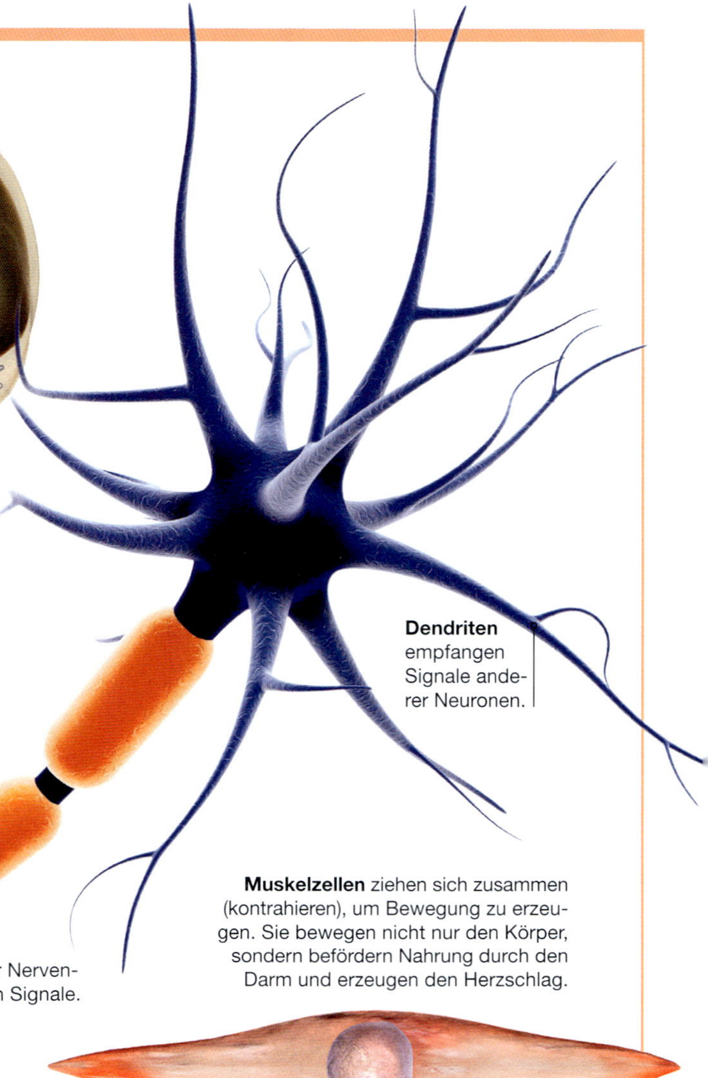

Dendriten empfangen Signale anderer Neuronen.

Nervenzellen (Neuronen) leiten elektrische Signale und bilden das Gehirn, die Nerven und das restliche Nervensystem – das Steuerungsnetzwerk des Körpers.

Axone oder Nervenfasern leiten Signale.

Muskelzellen ziehen sich zusammen (kontrahieren), um Bewegung zu erzeugen. Sie bewegen nicht nur den Körper, sondern befördern Nahrung durch den Darm und erzeugen den Herzschlag.

Fotorezeptorzellen sind lichtempfindlich und befinden sich im Auge. Wenn Licht auf diese Zellen fällt, senden sie Signale an das Gehirn, das daraus ein Bild zusammensetzt.

Zellteilung

Menschen entwickeln sich aus einer einzigen Zelle. Diese teilt sich immer wieder, damit die Billionen Zellen des Körpers entstehen. Ohne Zellteilung – auch Mitose genannt – kann ein Körper nicht wachsen. Er kann sich dann auch nicht selbst heilen, indem er abgenutzte oder beschädigte Zellen durch neue ersetzt.

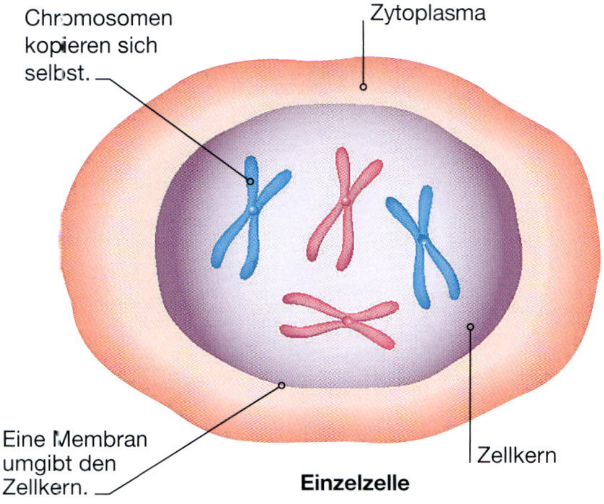

Einzelzelle

Identischer Nachwuchs

Bei der Mitose teilt sich eine Zelle in zwei identische Zellen. In den Chromosomen im Zellkern liegen die Anweisungen, um Zellen zu erzeugen. Zuerst kopiert sich jedes Chromosom selbst. Dann reihen sich die zweisträngigen Chromosomen auf. Danach werden beide Stränge getrennt und an die entgegengesetzten Seiten der Zelle gezogen. Anschließend teilt sich das Zytoplasma in zwei neue, identische Zellen.

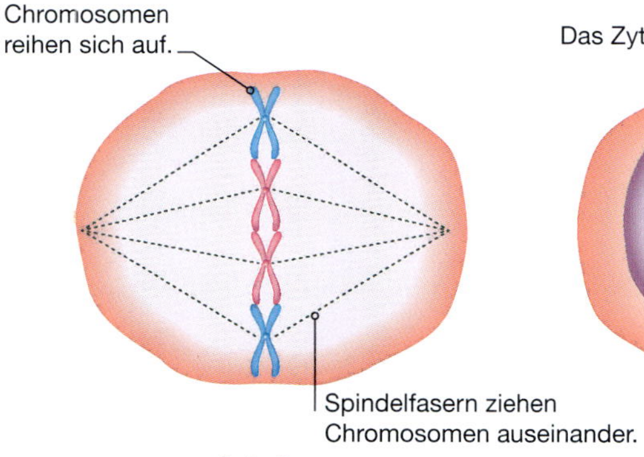

Aufreihen

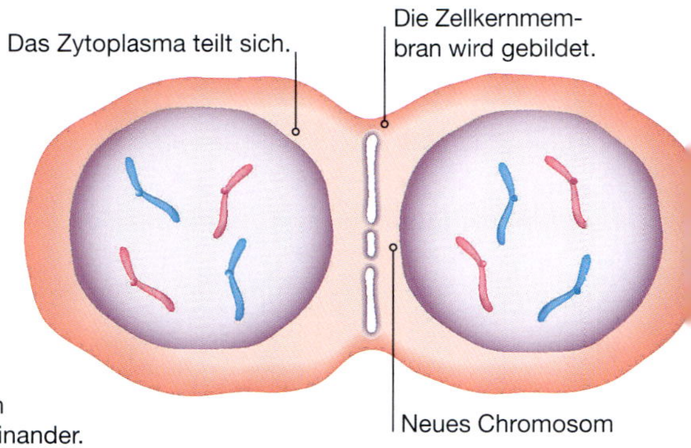

Trennung

Größer werden

Menschen wachsen von der Geburt an bis zur späten Kindheit vor allem durch Zellteilung. Sie vergrößert die Anzahl der Zellen und wird durch Wachstumshormone gesteuert. Wenn das Wachstum bei Erwachsenen aufhört, erhält die Zellteilung den Körper und repariert Gewebezellen.

HEILUNG

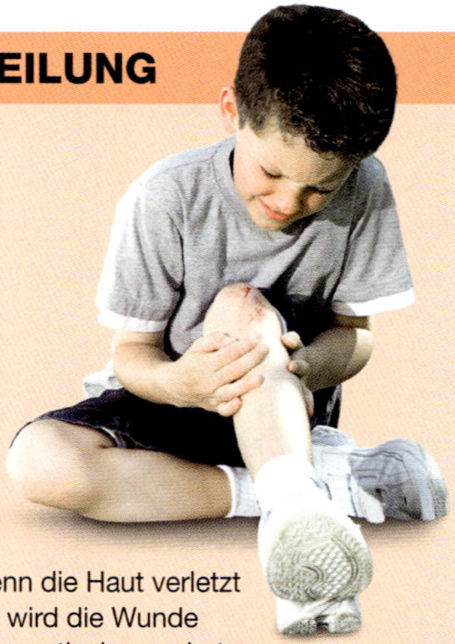

Wenn die Haut verletzt ist, wird die Wunde automatisch repariert. Die Zellteilung spielt bei diesem Prozess eine wichtige Rolle. In der Wunde teilen sich Zellen, um neue Haut zu bilden. Sie ersetzen solche, die abgestorben sind oder entfernt wurden. Die Zellteilung hat auch die wichtige Aufgabe, beschädigte Gewebe im Körper zu heilen.

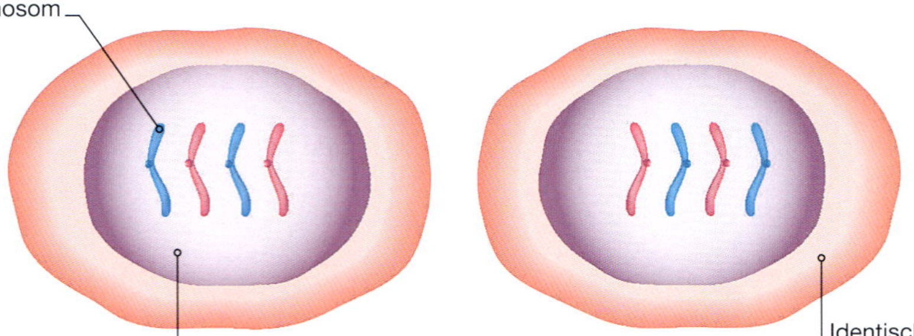

Neue Zellen

Von Zellen zu Systemen

Die 100 Billionen Zellen des Körpers funktionieren nicht unabhängig voneinander. Würden sie nicht zusammenarbeiten, wäre der Körper eine unkoordinierte, formlose Masse. Sie sind stattdessen klar in Geweben, Organen und Systemen organisiert, die zusammen einen vollständigen, funktionierenden menschlichen Körper bilden.

Körperorganisation

Der Körper ist in verschiedenen Ebenen organisiert, die aufeinander aufbauen. Die unterste Ebene bilden die Zellen. Sie wirken zusammen als Gewebe. Verschiedene Gewebe bilden Organe wie das Herz. Auf der höchsten und kompliziertesten Ebene wirken Organe zusammen und bilden Systeme wie das Kreislaufsystem.

ZELLE

Diese **Zelle** zeigt die Merkmale, die alle Zellen gemeinsam haben. Herzmuskelzellen mit diesen und anderen Eigenschaften bilden das Herz. Sie kontrahieren und erzeugen den Herzschlag.

GEWEBE

Zellen der gleichen Art wirken in **Geweben** zusammen. Herzmuskelzellen sind in einem Netzwerk miteinander verbunden und bilden so das Herzmuskelgewebe.

Das Herz ist eine **kräftige Pumpe,** die in der Brust sitzt. Es drückt Blut durch ein Netzwerk aus Blutgefäßen in alle Körperteile.

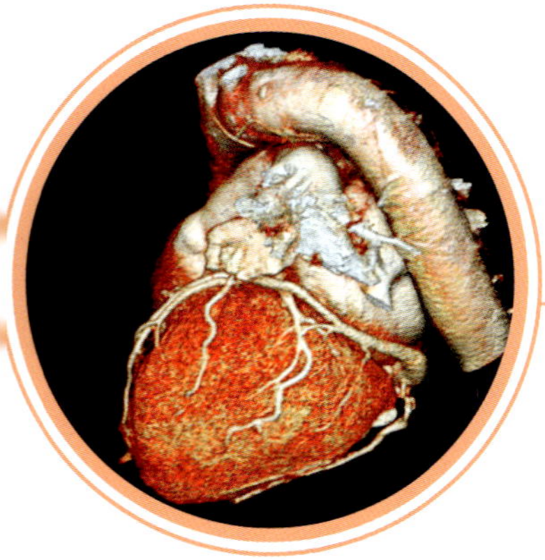

ORGAN

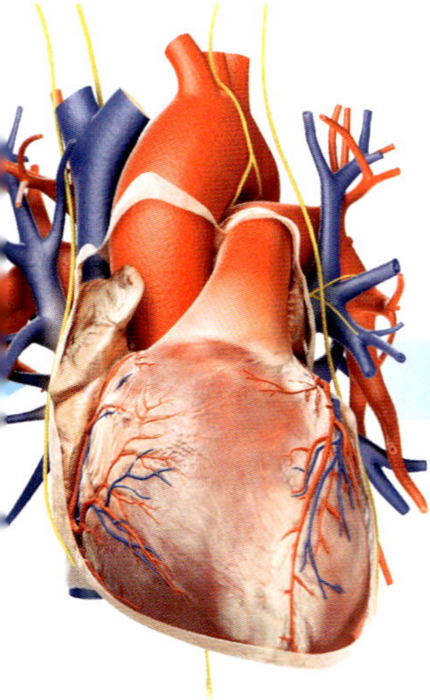

ane wie das Herz bestehen aus
oder mehr Gewebearten. Das
z enthält neben Muskelgewebe
n Bindegewebe, um das Organ
ammenzuhalten.

SYSTEM

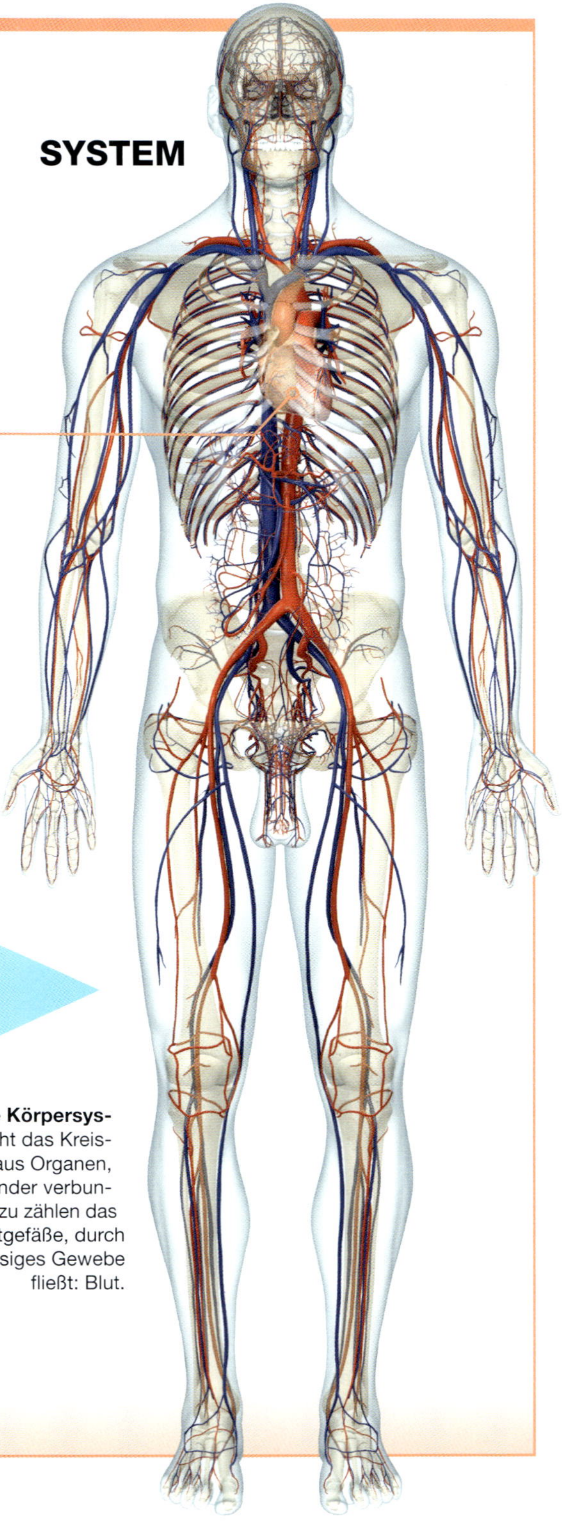

Wie andere **Körpersysteme** besteht das Kreislaufsystem aus Organen, die miteinander verbunden sind. Dazu zählen das Herz und Blutgefäße, durch die ein flüssiges Gewebe fließt: Blut.

Blick in den Körper

Früher konnten Ärzte nur dann in einen Körper blicken, wenn sie ihn aufschnitten. Heute stehen ihnen dagegen verschiedene Verfahren zur Verfügung, um Bilder von Organen und Geweben aufzunehmen. Zu den verbreitesten Methoden zählen Röntgen-, CT- , MRT- und Ultraschallaufnahmen.

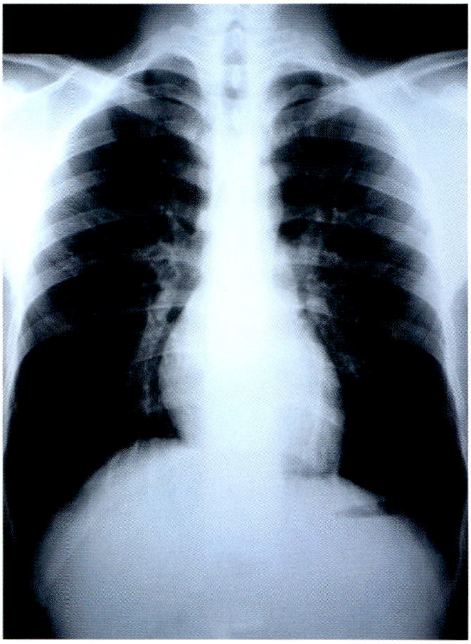

Röntgenaufnahme

Die besonders energiereichen Röntgenstrahlen wurden 1895 entdeckt. Sie dringen durch den Körper und schwärzen einen fotografischen Film. Harte Körperteile wie Knochen nehmen Röntgenstrahlen auf und werfen einen Schatten auf den Film. Weiche Gewebe lassen die Strahlen durch, sodass die Gewebe nicht sichtbar sind.

MRT-Aufnahme

Diese Aufnahme einer Magnetresonanztomografie zeigt einen Querschnitt durch den Kopf. Dazu liegt die Person in einer Röhre, die ein starkes Magnetfeld erzeugt. Dadurch geben Gewebe Radiowellen ab, die der Computer des Tomografen in Bilder umwandelt.

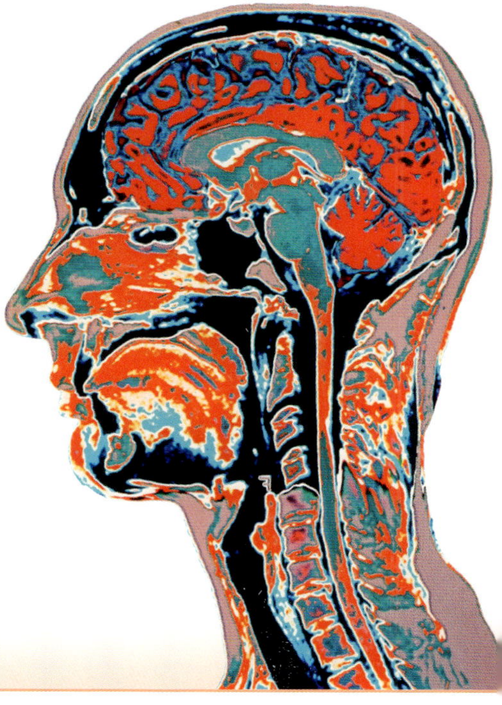

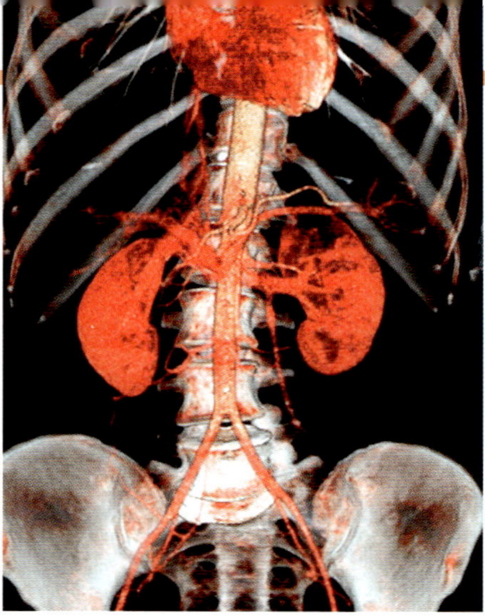

CT-Aufnahme

Ein Computertomograf (CT) schickt Röntgenstrahlen durch den Körper und wandelt sie in Schnitte durch Organe und Gewebe um. Diese Schnitte kann man zu einem dreidimensionalen Bild wie diesem Bild des Bauchraums zusammensetzen.

Ultraschall

Hochtönige Schallwellen erzeugen Bilder wie dieses eines 20 Wochen alten Fetus (ungeborenes Baby). Die Schallwellen prallen vom Fetus ab und ein Computer wandelt die Echos dieser Wellen in Bilder um.

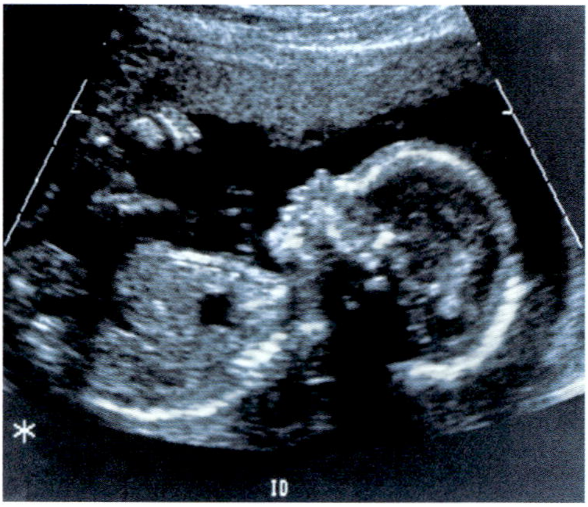

Endoskopie

Ein Endoskop ist ein dünner, biegsamer Schlauch mit einer Kamera an einem der Enden. Dieser wird in den Körper eingeführt und überträgt Bilder auf einen Monitor.

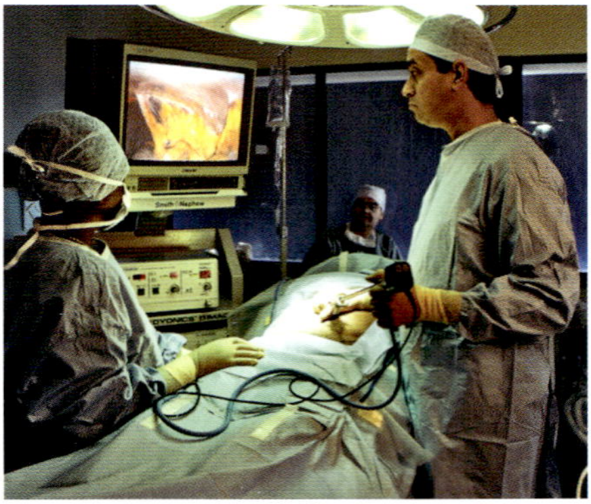

REM

Ein besonderes Mikroskop, das Rasterelektronenmikroskop (REM), erzeugt vergrößerte, dreidimensionale Bilder von Gewebeproben. Diese REM-Aufnahme zeigt ungleichmäßige Fettzellen, die einer Fettschicht unter der Haut entnommen wurden.

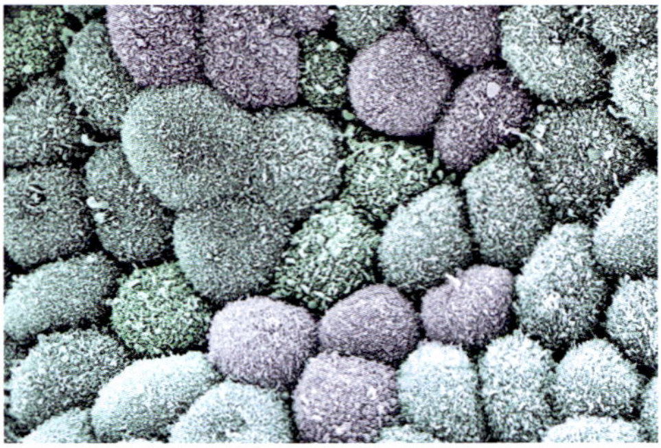

Haut

Das größte Organ des Körpers ist die Haut. Sie bildet eine Barriere zwischen dem Körperinnern und der Außenwelt. Die wasserfeste, für Erreger undurchlässige und selbstheilende Haut schützt auch vor gefährlichen Sonnenstrahlen und lässt Menschen ihre Umgebung fühlen.

Hautschichten

Die Haut besteht aus zwei Schichten. Die Oberhaut (Epidermis) setzt sich aus flachen Zellen mit Keratin zusammen, einem harten, wasserfesten Eiweiß. Darunter liegt die dickere Lederhaut (Dermis), die Blutgefäße, Nervenenden und Schweißdrüsen enthält.

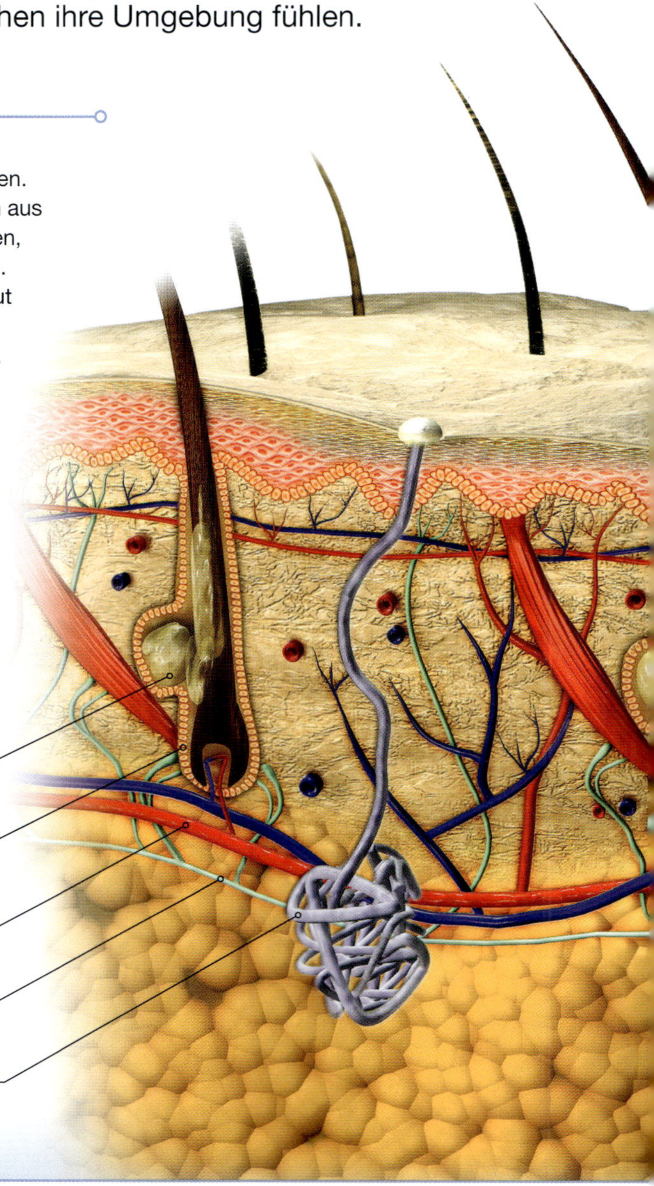

Talgdrüsen setzen Talg frei. Diese fetthaltige Substanz sorgt für eine weiche Haut.

Haarfollikel sind schmale Grübchen, aus denen Haare wachsen.

Arterien versorgen die Hautzellen mit Nährstoffen und Sauerstoff.

Nerven leiten Signale der Rezeptoren zum Gehirn.

Schweißdrüsen geben Schweiß ab.

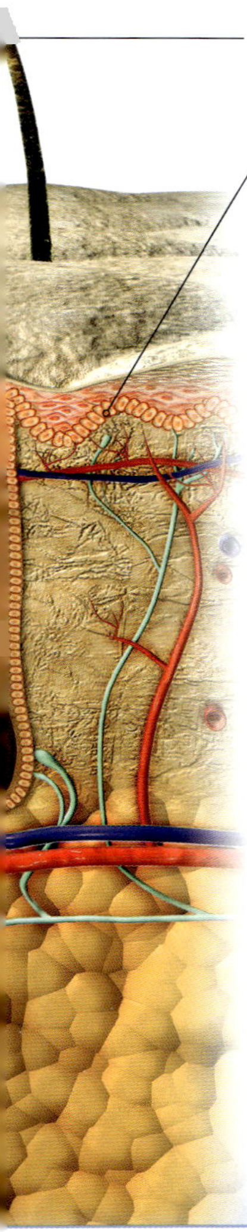

Neue Haut

Die Oberhaut besteht aus verschiedenen Zellschichten. Die obere Schicht aus abgestorbenen Zellen wird ständig abgetragen und durch neue Zellen ersetzt. Sie bewegen sich nach oben und werden dabei flacher und sterben ab.

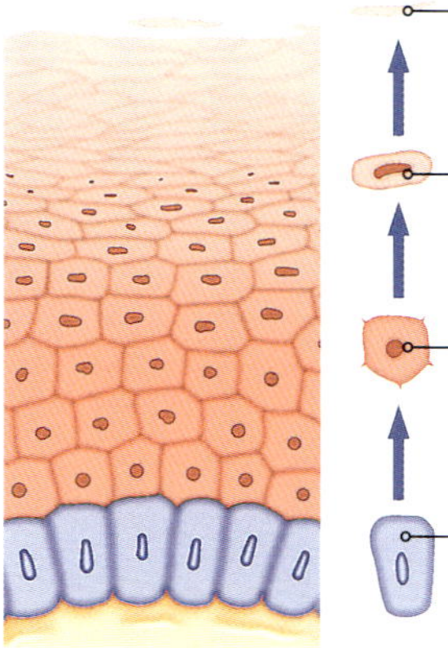

GRIFFIGE RILLEN

Fingerabdruck

Winzige Grate an den Fingerkuppen helfen Objekte besser zu ergreifen. Auf harten Oberflächen wie Glas hinterlassen diese Grate Muster aus Schweiß – die Fingerabdrücke. Jeder Mensch besitzt einzigartige Fingerabdrücke.

Warm bleiben

Die Haut spielt eine wichtige Rolle bei der Regulierung der Körpertemperatur. Sie liegt immer bei etwa 37 °C, unabhängig davon, wie warm oder kalt die Umgebung ist. Bei dieser Temperatur funktionieren die Körperzellen am besten.

Wärmeverlust

Körperzellen erzeugen Wärme durch ihre täglichen Aktivitäten. Diese Wärme wird vorwiegend über die Haut abgegeben. Ein Wärmebild oder Thermogramm zeigt, welche Körperteile wie viel Wärme abgeben. Die wärmsten Körperteile erscheinen orange, während die kältesten schwarz sind.

Die Körpertemperatur sinkt nachts leicht um etwa 0,5 °C und steigt bei Tag wieder leicht an.

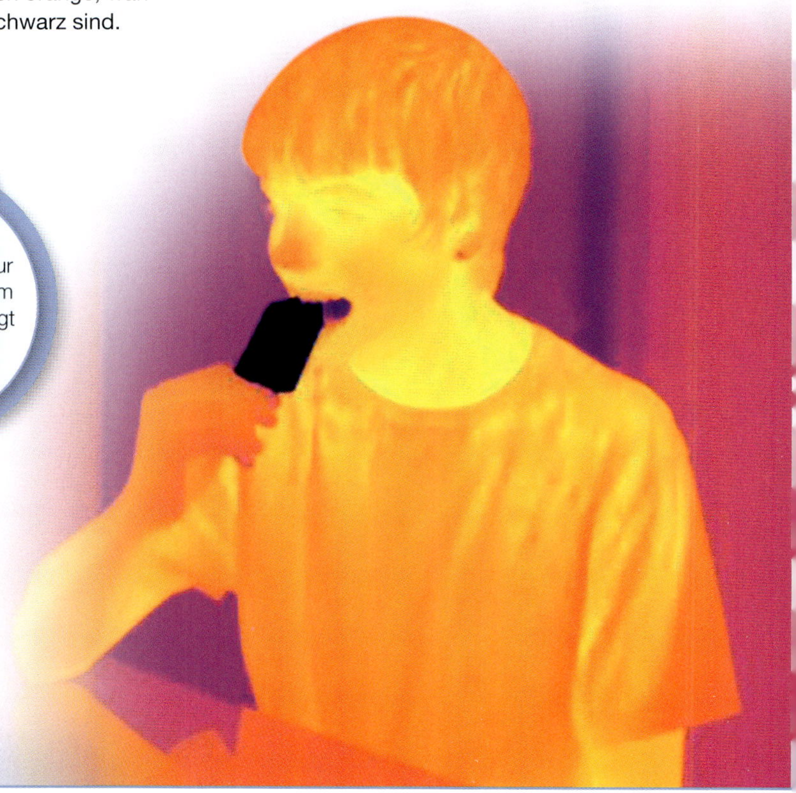

Wärmebild eines Jungen, der ein Eis isst

Wärme

Um seine Temperatur in warmer Umgebung zu erhalten, gibt der Körper auf zwei Arten Wärme ab. Winzige Schweißtropfen verdampfen auf der Haut. Dadurch führen sie Wärme ab und kühlen den Körper. Blutgefäße erweitern sich und erhöhen den Blutfluss in der Haut, sodass diese mehr Wärme abgibt.

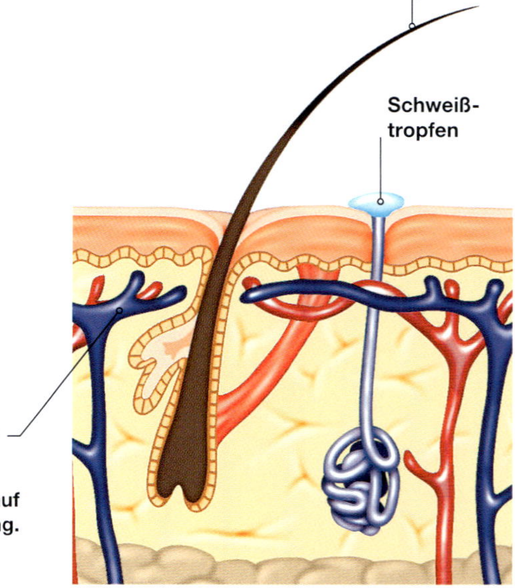

Kälte

In kalter Umgebung produzieren Schweißdrüsen weniger Schweiß und Blutgefäße verengen sich. Beide Aktionen senken den Wärmeverlust. Die Haare stehen aufrecht und erzeugen eine Gänsehaut.

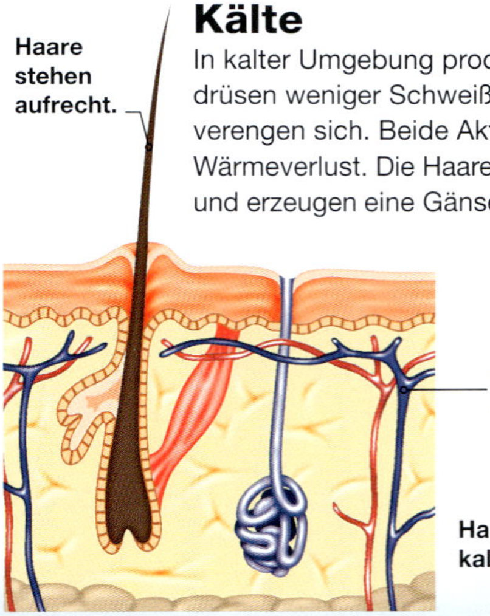

Muskeln und Bewegung

Ohne Muskeln kann sich ein Körper nicht bewegen. Muskelzellen besitzen die einzigartige Fähigkeit sich zu verkürzen (kontrahieren) und dadurch zu ziehen. Skelettmuskeln ziehen an den Knochen des Skeletts, um vielfältige Bewegungen auszuführen, vom Schießen eines Balls bis zum Kratzen, wenn es juckt.

Skelettmuskeln

Diese Muskeln bedecken das Skelett und ziehen sich zusammen, wenn sie Signale vom Gehirn erhalten. Einige Skelettmuskeln sind groß und kräftig – der massigste ist der große Gesäßmuskel, der den Oberschenkel beim Gehen, Laufen oder Springen nach hinten zieht. Andere wie die Fingermuskeln führen feine, genaue Bewegungen durch wie eine Seite umzublättern. Skelettmuskeln bewegen nicht nur den Körper, sie sorgen auch für seine aufrechte Haltung.

Mehr als 640 Skelettmuskeln besitzt der Körper, sie bilden nahezu die Hälfte seines Gewichts.

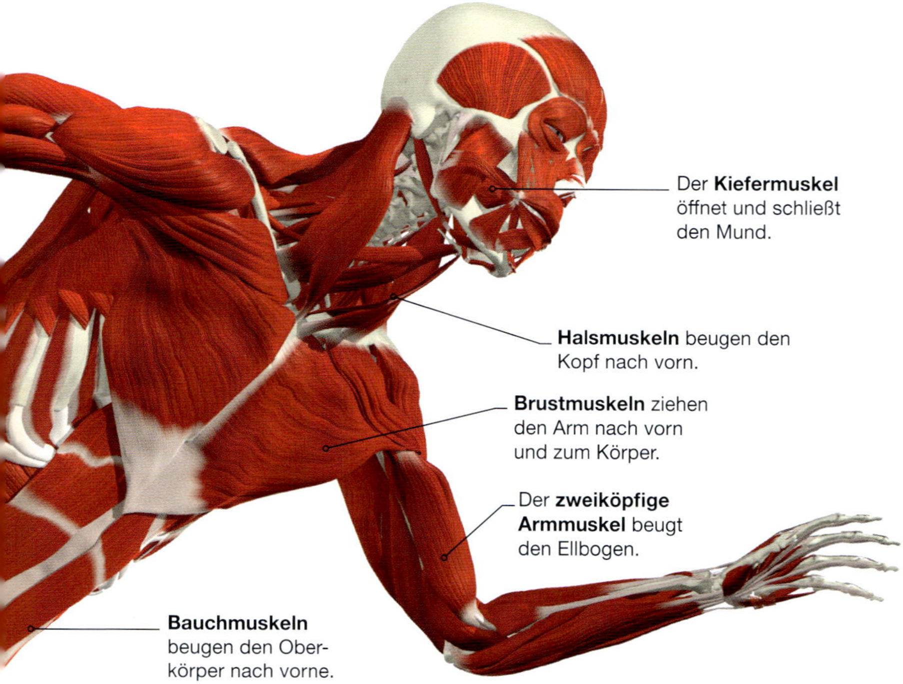

Knochenverbindungen

Muskeln sind über kräftige Stränge, die Sehnen, mit den Knochen verbunden. Sehnen erhalten durch Kollagenfasern ihre große Stärke. Das Ende einer Sehne ist in die äußere Knochenschicht eingebettet, um den Muskel fest zu verankern.

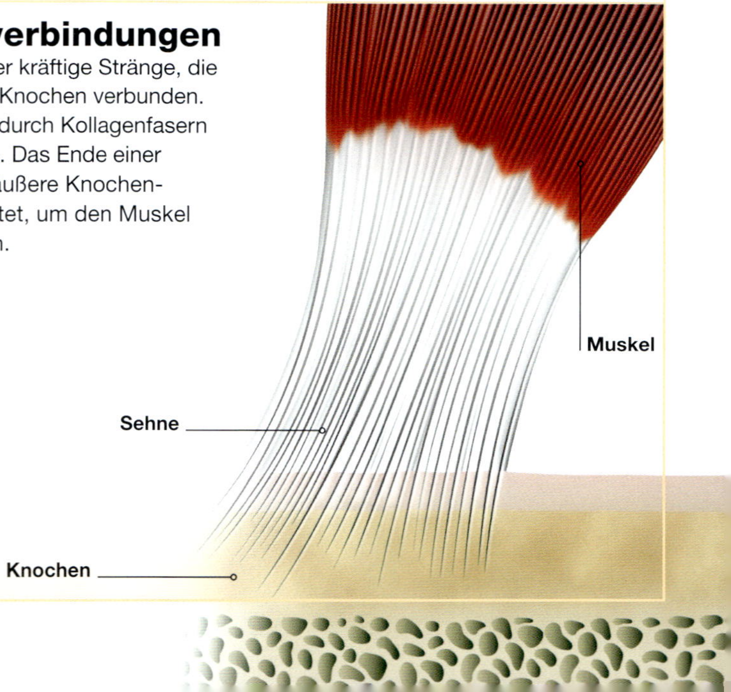

Das Herz

Das Herz ist das Kraftwerk des Kreislaufsystems. Es schlägt ungefähr 70-mal pro Minute, um Blut in den Körper zu pumpen. Das Herz besteht aus Herzmuskulatur, die niemals ermüdet.

Aufbau des Herzes

Das Herz besitzt eine linke und eine rechte Hälfte, die jeweils in einen Vorhof (Atrium) und eine Kammer (Ventrikel) unterteilt sind. Die rechte Herzhälfte pumpt Blut zur Lunge, während die linke Blut in den Körper pumpt. Klappen zwischen den Vorhöfen und Kammern verhindern, dass Blut in die falsche Richtung fließt.

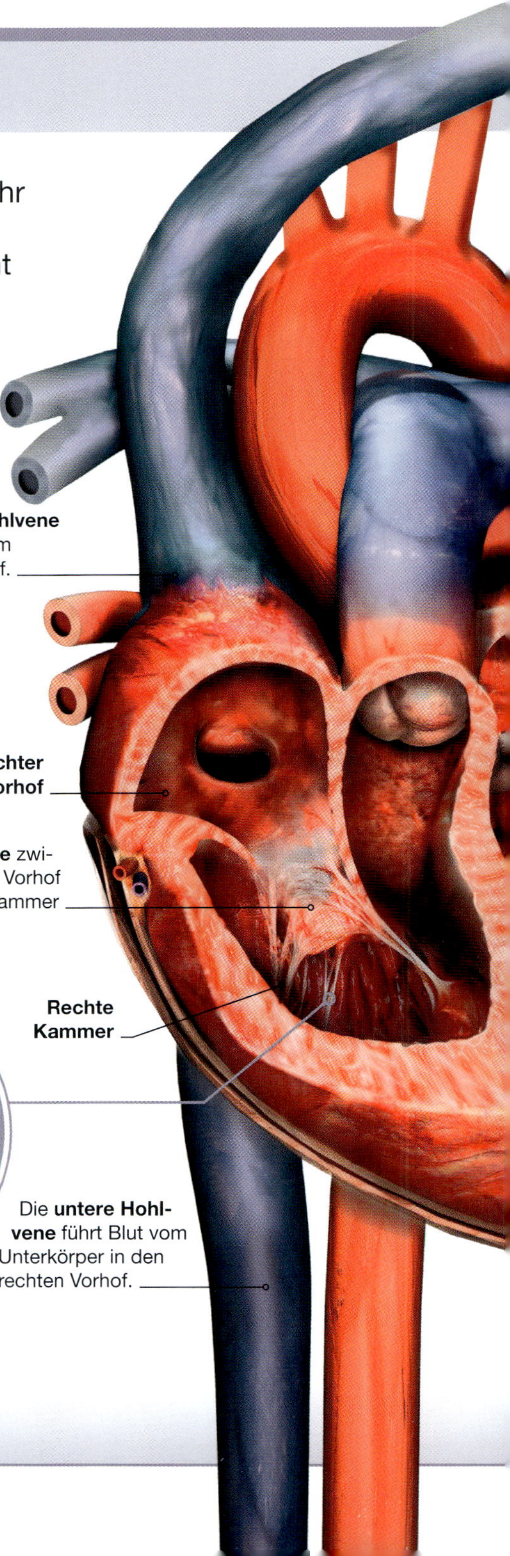

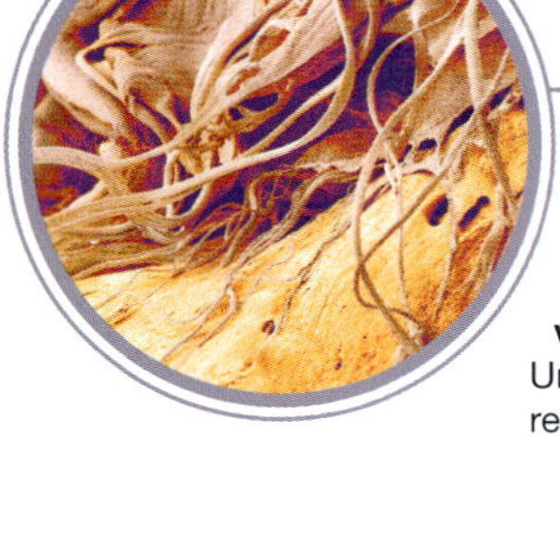

Herzfäden sind dünne Sehnen, die an den Klappen zwischen den Vorhöfen und Kammern sitzen. Sie verhindern, dass beim Herzschlag die Segel der Klappen nach oben umklappen.

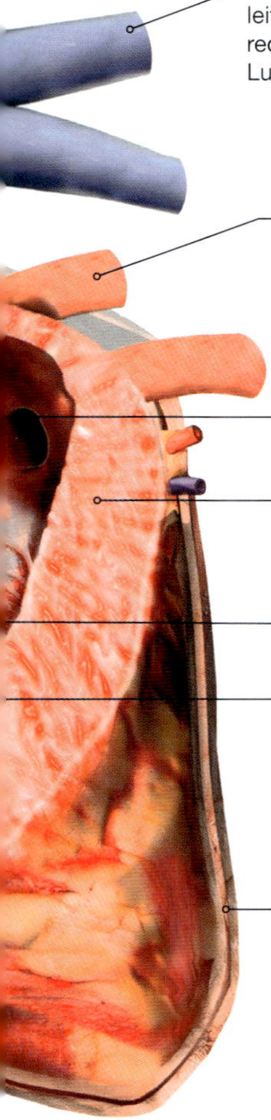

Das Herz versorgen

Herzmuskelzellen in den Wänden müssen ständig mit Nährstoffen und Sauerstoff versorgt werden. Sie benötigen ausreichend Energie, um zu kontrahieren. Die Herzmuskelzellen werden über ein Netzwerk aus Arterien in den Herzwänden versorgt, die man Herzkranzgefäße nennt.

Röntgenaufnahme des Herzes mit Arterien (rot)

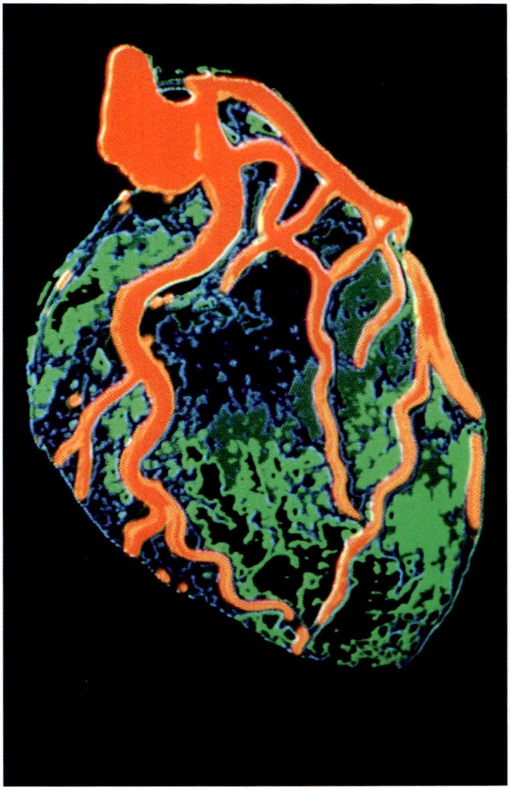

Register

A
Achillessehne 20
Aorta 23
Arterie 16, 23

B
Bewegen, Bewegung 4–5, 9, 17, 20
Blut, -gefäß 8, 13, 19, 22–23

C
Chromosom 6, 10–11

E
Eiweiß 6–7, 16

F
Fettschicht 15, 17
Fettzelle 8–9, 15
Fingerabdruck 17

G
Gehirn 8–9, 16, 20
Gewebe 8, 11, 12–13, 14–15

H
Haar 16–17, 18–19
Haut 8, 11, 15, 16–17, 18–19
Herz 9, 12–13, 22–23

K
Knochen 14, 20–21
Körperteil 8, 13, 14, 18
Kreislaufsystem 12–13, 22

L
Lunge 8, 22–23

M
Muskel 9, 12, 20–21
Muskelzelle 9, 12, 20, 22–23

N
Nährstoff 16, 23
Nerv, -enzelle 8–9, 16

O
Organ 8, 12–13, 14–15, 16

R
Rezeptor 9, 16–17
Röntgenaufnahme, -strahlen 14–15, 23

S
Sauerstoff 8, 16, 23
Schweiß 16–17, 19
Sehne 20–21, 22
Skelett 7, 20
System 9, 12–13, 22

U
Ultraschall, -aufnahme 14–15

W
Wachsen, Wachstum 10–11, 16

Z
Zelle 6–7, 8–9, 10–11, 12, 15, 16–17, 18, 20, 23
Zellkern 6, 8, 10–11
Zellteilung 10–11

Dank und Bildnachweis

Der Verlag dankt folgenden Personen und Institutionen für die freundliche Genehmigung zum Abdruck von Fotos:

(Abkürzungen: o = oben; u = unten; m = Mitte; g = ganz; l = links; r = rechts, Hg = Hintergrund)

1 Science Photo Library/Gustoimages, 2–3 Corbis: Dennis Kunkel Microscopy, Inc./Visuals Unlimited. 4 Corbis: Isaac Lane Koval (ml). 4–5 Corbis: Michael Keller. 5 Corbis: Ton Koene/Visuals Unlimited (ur). Dreamstime.com: Jacek Chabraszewski (gor). 6 Alamy Images: Phototake Inc. (mu). 7 Corbis: Dennis Kunkel Microscopy, Inc./Visuals Unlimited (mr); Visuals Unlimited (gor). 8–9 Fotolia: martanfoto. 11 Getty Images: Image Source (gor); Michel Tcherevkoff/Stone (l). 13 Getty Images: Zephyr/Science Photo Library (mo). 14 Corbis: Dan McCoy - Rainbow/Science Faction (ur). Dreamstime.com: Peterfactors (ml). 15 Corbis: Photo Quest Ltd./Science Photo Library (ur); Zephyr/Science Photo Library (gol). Getty Images: UHB Trust/Stone (mro); BSIP/Universal Images Group (ul). 18 Corbis: Scientifica/Visuals Unlimited. 19 Getty Images: Sam Jordash/Digital Vision (gol); Michael Krasowitz/Taxi (ur). 22 Science Photo Library: Susumu Nishinaga (mu). 23 Corbis: Howard Sochurek (r).

Cover: Science Photo Library: Pasieka (Illustration); AdobeStock: martialred (gor, Figur mit Buch)

Weitere Informationen unter: www.dkimages.com